T0287054

Relájate y educa

Relájate y educa

Soluciones eficaces
para los conflictos cotidianos

Amaya de Miguel

Plataforma
Editorial

Primera edición en esta colección: septiembre de 2021
Octava edición: septiembre de 2023

© Amaya de Miguel Sanz, 2021
© de la presente edición: Plataforma Editorial, 2021

Plataforma Editorial
c/ Muntaner, 269, entlo. 1ª – 08021 Barcelona
Tel.: (+34) 93 494 79 99
www.plataformaeditorial.com
info@plataformaeditorial.com

Depósito legal: B 13896-2021
ISBN: 978-84-18582-62-2
IBIC: VSK

Printed in Spain – Impreso en España

Diseño de cubierta y fotocomposición:
Grafime

El papel que se ha utilizado para imprimir este libro proviene
de explotaciones forestales controladas, donde se respetan
los valores ecológicos, sociales y el desarrollo sostenible del bosque.

Impresión:
Podiprint

Para mis tres hijos. Sois fantásticos.

Índice |

Introducción. 15
  Una melodía para que los niños te sigan 15
  Tu hijo no es un problema. Tu hijo tiene una
    dificultad 17
  Amor y firmeza 19
  Tú eres quien conduce el autobús 21
  Por qué los gritos, los castigos, los premios
    y las amenazas no funcionan en el largo plazo
    y el amor, el respeto y la firmeza amable sí . . . 22
  Las buenas intenciones y la fuerza de voluntad
    no bastan 24
  Cómo se ha construido este libro y cómo leerlo . . 25
  ✹ Herramientas de disciplina juguetona 27

1. Por la mañana. 29
  No se quiere levantar. 30
  No quiere ir al colegio 34
  Tarda en prepararse para ir al colegio 35
  No le gusta la ropa. 39
  Le molesta la ropa 42
  Le cuesta salir de casa 43

2. Por la noche 47

Se niega a meterse en la cama y dormir 48

No quiere hacer las rutinas previas a acostarse . . . 52

Se activan justo a la hora de acostarse 54

Pide agua, ir al baño, me llama... 56

Tenemos que quedarnos con ella hasta que
se duerme 60

Se despierta muchas veces por la noche 63

3. Higiene y cuidado personal 69

No quiere lavarse los dientes 70

Es mayor y ha dejado de lavarse los dientes. 72

No quiere ducharse o bañarse 74

No soporta lavarse el pelo 77

No quiere que le desenredemos el pelo 79

4. Recoger y ordenar la casa 83

No quiere recoger 84

Lo deja todo por ahí 88

No recoge su cuarto 91

5. Peleas entre hermanos 95

Preferiría no tener hermanos 96

Se enfada cuando atendemos al hermano 99

Un hijo molesta al otro. 101

Se pelean todo el día 104

Un hijo ignora al otro 108

Discuten por tonterías y se hacen daño. 109

Compiten entre sí 111
Cuando juegan, quieren ganar siempre
   a sus hermanos 115

6. Gestión de enfados, lloros y agresiones 119
Se enfada cada vez que le decimos que no 120
Sus enfados duran muchísimo 124
Dice que no a todo. 126
Nos pega, nos insulta y nos grita 128

7. Uso de las pantallas en casa. 141
Solo quiere ver la tele o jugar a videojuegos. 141
Lo castigamos sin ver los dibujos. 145
Hace deberes con el móvil al lado 147
Apagar las pantallas es siempre una pelea 149

8. Deberes, estudio y acompañamiento escolar . . 155
Se distrae cuando tiene que hacer deberes 155
No se esfuerza porque no le interesa 158

9. Habilidades sociales 163
Juega casi siempre solo 163
No tiene amigos 165
Sufre acoso escolar. 168
Siempre cede 169
No sabe perder. 174
No quiere compartir 179
No me deja hablar con otras personas 181

No quiere dar besos a otros adultos 183
Es tímido o vergonzoso 185
Es muy mandona 187
Nos da órdenes 190
Dice palabrotas 193
Habla muy alto o grita 195

10. La comida 199
No prueba nada nuevo 200
No aguantan sentados a la mesa 202
Tardan mucho en comer 203
Come muy poco 205
Roba dulces 208
Come demasiado 210

11. Cuando los juegos terminan en desastre 213
Desordena mucho la casa 214
Moja el baño jugando con agua 216
Pinta las paredes 217
Vacía los cajones 219
Corren dentro de casa 220

12. Accidentes 225
Se mancha mucho al comer 226
Se le caen las cosas de las manos 228
Me da miedo que se caiga 230

13. Espacios y situaciones poco habituales 235

    En el coche 235

    Reuniones familiares 239

    Cumpleaños de sus amigos 240

    En los restaurantes 242

Epílogo 247

    Amor visible 247

Índice de cuadros de texto 251

Introducción

Una melodía para que los niños te sigan

En el primer colegio al que fueron mis hijos, en los Estados Unidos, las instrucciones se daban con canciones. Cuando los niños tenían que recoger el aula, la maestra iniciaba una canción, siempre la misma, y los niños, sin recibir ninguna orden, dejaban lo que estaban haciendo y empezaban a recoger. Había una canción para recoger, otra para lavarse las manos, otra para hacer la fila… En ese colegio, a los niños pequeños apenas se les daban órdenes. En cambio, sabían muy bien lo que se esperaba de ellos en cada momento, y lo hacían con una facilidad asombrosa.

Pronto empecé a aplicar en casa la estrategia del colegio y vi que funcionaba. Dejé de usar el imperativo en familia y lo sustituí por canciones. Los niños las aprendieron y pronto las cantábamos juntos.

A mis alumnos les digo que tienen que convertirse en un flautista de Hamelín. Sé que es una comparación arriesgada, porque el flautista se llevó a los niños de sus casas contra la voluntad de sus padres. Por eso, del flautista nos vamos a quedar solo con una imagen: un adulto que toca una melodía en la flauta, una melodía tan poderosa que provoca que los niños lo sigan.

Si el flautista hubiera sido un adulto permisivo, habría hecho muchas preguntas a los niños: «¿Qué melodía queréis que toque, esta o esta otra?», «¿Queréis que toque la flauta o preferís que toque el saxofón?», «¿Estáis ya listos, queréis que nos vayamos ya o mejor nos vamos dentro de un rato?».

Si hubiera sido un personaje autoritario, habría gritado a los niños: «¡Ahora mismo, todos aquí conmigo! En cuanto empiece a tocar la flauta, me seguís, ¿entendido? El que no me siga tendrá que afrontar las consecuencias».

En cambio, el flautista de Hamelín se limita a tocar su melodía, la cual resuena en los niños, que lo siguen sin dudarlo.

Nosotros, los adultos que tenemos niños a nuestro cargo, podemos encontrar la mejor melodía para que nuestros hijos nos sigan. Las canciones, los juegos, hacer el payaso y los cuentos son melodías muy eficaces y que, además, generan un vínculo fuerte entre el adulto y el niño. Este vínculo construirá un poderoso sentido de familia en vosotros, de equipo, de pertenencia al grupo; cuando todos sentís este vínculo, la familia funciona mucho mejor y la convivencia es más sencilla para todos.

Tu hijo no es un problema. Tu hijo tiene una dificultad

Cuando un niño se niega a seguir nuestra orden, solemos enfadarnos porque automáticamente consideramos que se está poniendo difícil, que es desobediente, que es maleducado, que es malo. Si no recoge, nos enfadamos. Y lo mismo si pega a su hermano, si no hace los deberes, si no quiere irse a la cama. Los adultos, ante estas situaciones, actuamos con dureza; a veces gritamos, castigamos, amenazamos e incluso pegamos. A veces reaccionamos así ante accidentes: cuando el niño se cae, se mancha, se ensucia, rompe un vaso... También reaccionamos así cuando el niño ha perdido el control: cuando grita, llora muy fuerte, se niega a hacer algo, o cuando tiene conductas agresivas.

En todos estos casos, con nuestra reacción convertimos al niño en un problema: es un obstáculo para que las cosas vayan bien en nuestra familia.

Cuando te enfadas ante cualquiera de estas situaciones, estás impidiendo que tu hijo recupere la calma que necesita para reconducir la situación. Voy a ponerte un ejemplo: tu hijo no quiere poner la mesa; no le gusta hacerlo y, además, prefiere seguir enfrascado en la actividad que está haciendo en este momento. Su cerebro, que busca el placer, se niega a poner la mesa. No tiene ninguna motivación. A la vez, su cerebro sabe que tiene que hacerlo. Ante esta contradicción, el niño se siente mal y empieza a desequilibrarse emocionalmente: una parte de él reconoce que debería trabajar y otra se niega a hacerlo. ¡Un gran conflicto interno! La tensión se está construyendo dentro de tu hijo.

A esta tensión que el niño tiene dentro se suma otra: sabe que tú te vas a enfadar con él. Al anticipar tu malestar, la tensión que el niño tenía dentro aumenta. Y, cuanta más tensión interna tenga, más resistencia a poner la mesa va a generar. Por fin, cuando tú te enfadas, el niño explota (se estaba formando una olla a presión dentro de él) y tú también.

En mi experiencia, un cambio de mentalidad en los adultos consigue grandes beneficios en situaciones como la que acabo de describir. Me gustaría que a partir de ahora te dieras cuenta de que tu hijo tiene una dificultad y que tu misión como educador es ayudarlo a manejarla. Repetir la siguiente frase puede ayudarte a lograrlo: «Mi hijo no es un problema. Mi hijo tiene una dificultad y mi misión es ayudarlo».

En el ejemplo del niño que no quiere poner la mesa, tendrás que pensar qué cambios podéis introducir en vuestra rutina para que esa tarea le resulte más sencilla. ¿Podemos poner la mesa antes de que empiece a jugar, incluso nada más recoger la mesa de la anterior comida? ¿Necesita el niño que yo lo haga con él? ¿Puedo convertir esa tarea en un momento de conexión conmigo?

Al pensar en nuevas maneras de hacer las cosas, estarás ayudando a tu hijo a superar su dificultad.

Amor y firmeza

Las estrategias que vas a aprender en este libro te van a llevar, en muchas ocasiones, a hacer el payaso, a jugar, a cantar. En mi experiencia como madre de tres hijos y como educadora de padres, estos recursos son muy efectivos para reducir la tensión emocional y para conseguir que tus hijos interioricen las conductas positivas.

Eso sí: hacer el payaso, jugar, cantar o dibujar no deben reducir tu firmeza. Esta es importante porque significa consistencia, claridad. Significa, sobre todo, seguridad. La firmeza no es autoritarismo. Firmeza significa simplemente que los parámetros por los que os guiais son firmes y estables y que tú, una persona adulta, los defines y te encargas de que se respeten.

Imagínate que tienes un mapa que te ayuda a ir del punto A al punto B, pero el punto A y el punto B cambian de sitio cada día, de manera que vives con una gran incertidumbre. ¿Cómo llegaré hoy a B? Y si intento ir por el camino de ayer, ¿qué pasará?

Yo quiero que tú elabores un mapa consistente en el que los puntos A y B estén siempre en el mismo sitio, de manera que ni tú ni ningún miembro de tu familia tengáis que improvisar y averiguar a diario cómo vivís vuestra vida.

Te pongo un ejemplo de un mapa donde los puntos A y B cambian cada día:

DÍA 1: Hoy estás tenso, tienes que terminar un proyecto del trabajo y no quieres problemas. Al pasar por delante de la pastelería, tus hijas te piden un pastel. Si se lo compras, te ahorrarás prepararles la merienda, de manera que les dices que sí.

DÍA 2: Hoy estás de muy buen humor, tranquilo, y vas a poder ocuparte de las niñas en casa. Al pasar por delante de la pastelería, te piden de nuevo el pastel. Les dices que no porque sabes que tienes tiempo de preparar la merienda. Ellas insisten y tú dices que no, pero ellas continúan insistiendo y, como no quieres enfadarte, se lo compras.

DÍA 3: Te sientes mal por haberles comprado pasteles dos días seguidos. Hoy tienes la determinación de darles una merienda sana. Cuando pasáis por la pastelería, te piden que les compres algo, te niegas, ellas continúan insistiendo, y tú acabas enfadándote.

En esta familia no hay un mapa claro. Ni el adulto ni las niñas saben cuándo pueden comer pasteles. Las normas se improvisan y, como consecuencia, los conflictos se multiplican.

Las cosas serían mucho más fáciles con un mapa coherente como este:

En tu familia habéis establecido que todos los viernes a la salida del colegio les compráis un pastel a las niñas. Si una de tus hijas te pide un pastel otro día de la semana, solo tienes que recordarle que tendrá que esperar hasta el viernes. Lo más probable es que, si eres consistente, casi nunca te pidan pasteles otros días de la semana.

¿Ves la diferencia? La firmeza es el mapa que permite a

todos los miembros de la familia saber cómo funcionan las cosas en vuestro grupo. Cuando todos conocéis este funcionamiento, os ahorráis infinidad de conflictos, negociaciones y tiras y aflojas. Se pueden implementar las normas con bromas, juegos o canciones, manteniendo la firmeza que dará a vuestros hijos (¡y a vosotros!) la seguridad que necesitan.

Tú eres quien conduce el autobús

Me gustaría que a partir de ahora imaginaras que tú eres quien conduce el autobús. Tú sabes si hay que ir hacia la izquierda o hacia la derecha, en qué semáforos hay que parar, sabes qué hacer cuando llegas a una rotonda y te das cuenta de si a tu vehículo le falta gasolina.

Tus hijos no son los conductores. Ellos son los pasajeros. Tendrás que escucharlos y atenderlos cuando te digan que quieren ir al baño, que tienen hambre o que se marean. Tendrás que saber si les conviene hacer una parada. Tendrás que entretenerlos si el viaje se hace muy pesado.

Y este símil, ¿cómo se aplica a la crianza? Vuestros valores, las obligaciones de los niños, vuestros ritmos y hábitos, vuestros horarios, cuándo entráis y salís de casa, el uso de las pantallas…, todo lo decides tú. Lo que afecta a toda la familia lo decides tú. Lo que afecta al crecimiento y al desarrollo del niño lo decides tú.

Tus hijos podrán decidir lo que los afecta a ellos en un plano muy personal: qué ropa se ponen, a qué juegan, cómo se peinan… Cuanta más libertad les dejes en el ámbito que se refiere a ellos, mejor. A medida que crezcan, este ámbito irá ampliándose: cuando tu hijo tiene un año intervienes en casi todo lo que hace; cuando tiene doce, no.

Recuerda que tú conduces el autobús. No temas tomar decisiones que sabes que son buenas, aunque tus hijos no estén de acuerdo y protesten.

Por qué los gritos, los castigos, los premios y las amenazas no funcionan en el largo plazo y el amor, el respeto y la firmeza amable sí

Imagínate que estás paseando por la calle y te encuentras con una persona que se ha caído y no puede levantarse. Mientras la estás mirando, alguien se acerca a ti y te dice una de estas tres frases:

- «Si lo ayudas a levantarse, te regalo dos noches en el hotel que tú quieras para ir con quien quieras» (premio).
- «Como no lo ayudes a levantarse, no podrás ir a la cena del sábado con tus compañeros de trabajo» (castigo).
- «¡Ayúdalo ahora mismo o te pego!» (amenaza).

En ese momento, ante el deseo de un premio o el miedo a una amenaza o a un castigo, posiblemente actuarás y lo ayudarás a levantarse. Pero, si siempre te han educado así, el día que nadie te ofrezca un premio, un castigo o una amenaza, será muy probable que pases de largo sin ayudar a esa persona. Te habrás habituado a actuar por motivaciones externas.

Esto es lo que hacemos con nuestros hijos cuando los castigamos, amenazamos o premiamos. Deja que te ponga algunos ejemplos:

Yo digo: Si te comes la verdura, te doy chocolate de postre.
Mi hija aprende: La única razón para comer verdura es tener el chocolate y, cuando no haya chocolate, no comeré verdura.

Yo digo: Como pegues a tu hermano, te vas a tu cuarto a pensar.
Mi hija aprende: La única razón para no pegar es no ir a mi cuarto. Cuando mis padres no estén presentes, podré pegar a mi hermano.

Yo digo: Si sacas buenas notas, te regalo un móvil.
Mi hija aprende: La motivación para esforzarme en el cole es tener el móvil. Cuando lo tenga, no será necesario esforzarme más.

En estos ejemplos hemos enseñado a los niños a actuar empujados por motivaciones externas: el chocolate, el miedo al cuarto de pensar, el móvil; y no hemos logrado lo que de verdad importa: que interioricen las conductas positivas. No les hemos enseñado que es importante comer sano, no les hemos dado pautas emocionales para no agredir a su hermano y no hemos sabido inculcar en ellos el sentido de la responsabilidad y el esfuerzo.

Las herramientas que te doy en este libro van a ayudarte a conseguir que tus hijos aprendan y hagan suya la conducta positiva, porque con ellas construirás motivación interna. Y esta motivación se va a quedar con ellos mucho tiempo.

Las buenas intenciones y la fuerza de voluntad no bastan

Muchos de mis alumnos tienen la determinación de dejar de gritar en casa. Se levantan por la mañana con la intención de que sea un día bueno. «Hoy las cosas van a ir bien», se dicen a sí mismos. Tienen muy buenas intenciones y una gran fuerza de voluntad.

El día comienza de la misma manera que todos los demás, y surgen los conflictos de siempre: el niño no quiere levantarse, la niña está remoloneando, los hermanos se enzarzan en una pelea… Entonces, el adulto no puede seguir con sus buenas intenciones de la mañana; se da cuenta de que las cosas no están yendo bien, van a llegar tarde al cole, y la única manera de frenar la crisis es recurriendo a las herramientas de siempre: los gritos y las amenazas.

Solo llevamos media hora levantados y nuestro propósito del día ha fracasado. Igual que ayer. Igual que antes de ayer. Entonces, ¿qué podemos hacer? ¿De qué manera podemos evitar que los días se repitan siempre iguales? ¿Qué necesitamos, además de fuerza de voluntad y buenas intenciones?

La clave está en empezar a hacer las cosas de otra manera. En cambiar las estructuras que no funcionan y sustituirlas por otras. En renovar tus recursos. Por eso tienes este libro en tus manos: para aprender nuevas herramientas que te permitan abordar las situaciones difíciles cotidianas desde un ángulo nuevo.

En el momento en que el adulto cambia su manera de afrontar un conflicto, cambia también la reacción del niño. Porque hasta ahora tus hijos y tú habéis inventado un idioma: el idioma de «no me hace caso hasta que grito». Si tú empiezas a hablar otro idioma, tus hijos lo aprenderán y empezarán a hablarlo ellos también. El idioma del juego, el idioma de la complicidad, el idioma del respeto profundo. Este es el idioma que quiero enseñarte en las siguientes páginas.

Cómo se ha construido este libro y cómo leerlo

Miles de madres y padres recurren a mí para solucionar dificultades cotidianas en su vida familiar. Algunos en sesiones individuales, otros por correo electrónico y otros a través de mis redes sociales y mi programa mensual, *Martes con Amaya*, me han formulado miles de preguntas en los últimos años. En las siguientes páginas vas a encontrar un elenco de las preguntas más frecuentes, las que formulan familias que en muchos aspectos se parecen a la tuya. Porque, aunque tu familia sea única, tus problemas son, en muchos casos, comunes.

Todas las preguntas y comentarios son reales. Algunas son síntesis de muchas preguntas repetidas, otras son transcripciones literales, y en todos los casos he modificado los nombres de quienes las hicieron. Mis respuestas están elaboradas a partir de las bases de mi pedagogía: el respeto profundo, el juego, la comprensión de tu hijo, la firmeza y la consistencia y, sobre todo, el amor visible.

Puedes leer el libro en el orden que prefieras. No es lineal y su estructura es flexible, de modo que puedes empezar leyendo las respuestas a las situaciones que para vosotros son más complicadas. El índice es detallado para que localices las situaciones con facilidad. Al final del libro, tienes un índice de las soluciones que he probado con éxito para los conflictos cotidianos más frecuentes; quizá te sea útil para consultar rápidamente las que necesites.

Te recomiendo que leas el libro entero. Tal vez la estrategia que os va a ayudar está en un apartado en el que vosotros no tenéis problemas. Léelo con una actitud flexible, sabiendo que lo que te ofrezco aquí es una guía que podrás amoldar a vuestra realidad, a tu carácter, a vuestras circunstancias, y también a situaciones que aquí no describo. Las estrategias basadas en el amor, la conexión, el respeto profundo y el juego sirven en numerosos contextos. En tu mano está interiorizarlas y hacerlas tuyas para aplicarlas en vuestro día a día.

✳ Herramientas de disciplina juguetona

A lo largo de estas páginas te encontrarás con el siguiente icono: ✳. Lo hemos utilizado para identificar herramientas de disciplina juguetona, que se basan en el sentido del humor, el juego, las canciones y los cuentos. En mi experiencia como madre y como mentora de familias, estas herramientas son muy eficaces para solucionar las situaciones más difíciles y complicadas del día a día.

La disciplina juguetona es una estrategia pacífica que fortalece el vínculo con los niños y los hace sentirse atendidos, queridos y respetados mientras se los guía hacia las conductas positivas. El niño, casi sin darse cuenta, percibirá tu suavidad y tu profundo respeto, de modo que le resultará mucho más sencillo seguirte.

Esta estrategia es una herramienta más de tu caja. No te va a servir para todas las situaciones cotidianas, pero te aseguro que se puede convertir en una de tus herramientas más utilizadas, ya que es muy eficaz y una gran alternativa al enfado y al enfrentamiento. Con ella generarás un buen ambiente en casa, reforzarás el vínculo con los niños, evitarás ponerte de mal humor y reducirás la hostilidad y el malestar de todos los miembros de la familia.

La disciplina juguetona es mucho más eficaz que los gritos, los castigos o los premios para que los niños interioricen la conducta positiva y se convertirá en tu melodía preferida, la melodía que tus hijos seguirán con más facilidad y que os unirá como familia.

1.
Por la mañana

Cuando en mis clases pregunto a los asistentes cuál es el peor momento del día en su casa, muchos de ellos señalan las mañanas. Hay muchas cosas que hacer, hay que hacerlas rápido y, además, con elementos que juegan en nuestra contra: los niños tienen sueño, no quieren levantarse y no les apetece hacer lo que les pedimos (ni ir al cole). Gestionar nuestro estrés y la resistencia de los niños no es nada sencillo. Por eso terminamos haciéndolo mal, día tras día.

Levantarse y acostarse son las dos grandes transiciones del día. Los cambios que cualquiera de nosotros vive en ambas son fuertes: de estar tumbado a estar en movimiento, del silencio al ruido, de la inactividad a la actividad, de la luz a la oscuridad... y viceversa. Son cambios considerables, y en muchas ocasiones nuestros niños no están preparados para vivirlos con suavidad y aceptación. Podríamos decir que su cerebro se «agarra» a la situación en la que está ahora, sin querer moverse de ahí para entrar en la situación que viene.

Si lo piensas, es posible que a ti te ocurra lo mismo: remoloneas en la cama a pesar de saber que tienes que levantarte o te resistes a apagar el móvil por la noche incluso cuando tienes mucho sueño y se ha hecho tarde. Si este es tu caso, a ti también te cuestan las transiciones. Comprenderte a ti mismo te va a ayudar a guiar a tus hijos sin atacarlos, sin juzgarlos y sin criticarlos. Mi intención es que conviertas las transiciones en algo atractivo para que a tus hijos no se les hagan tan cuesta arriba.

En las próximas páginas te voy a dar herramientas para que la hora de la mañana sea más sencilla para todos.

No se quiere levantar

Juani: «Yo ya no sé cómo despertar a mis dos hijas. Entro en el cuarto, les canto una canción, les doy besos…, y ellas se enfadan y dicen que quieren seguir durmiendo. Hasta que no me enfado con ellas no consigo que se levanten. Eso todos los días».

Una de las cosas que me gustaría que aprendieras es a observar vuestros hábitos y a modificar lo que no funciona. No solo con respecto a las mañanas, sino en todos los aspectos de vuestra vida. Estamos tan ocupados que nos cuesta pararnos, observar lo que no funciona y cambiarlo.

En este caso, las propias niñas están diciendo qué es lo que no funciona: necesitan dormir más. Por eso se enfadan, por eso no quieren levantarse de la cama. ¿Podrías tú modificar vuestros ritmos y hábitos para satisfacer la necesidad de sueño de las niñas? Muchos de mis alumnos han decidido adelantar la hora de acostar a los niños y de esta manera han resuelto dos problemas: el de acostarse (cuando nos acostamos temprano, estamos todos menos cansados y se suele producir menos tensión) y el de levantarse (porque ahora sus hijos se levantan sin sueño).

Adelantar la hora de ir a la cama es complicado cuando los niños tienen extraescolares, deberes y un rato de juego o parque cada día. ¿Sería posible hacer los deberes en otro momento del día? ¿O reducir el rato del parque? ¿O reducir o eliminar las extraescolares? Te invito a que observes vuestros hábitos y rutinas y los modifiques para garantizar que tus hijas tienen la calidad de sueño que necesitan para ahorraros el conflicto de cada mañana, para mejorar su rendimiento escolar, su humor, sus relaciones sociales, su serenidad, su equilibrio emocional… Dormir bien es necesario para todos. Probablemente tú lo sepas por experiencia, los adultos con hijos dormimos muy mal durante los primeros años y eso nos impide estar bien. A los niños les pasa lo mismo.

El primer encuentro con tus hijos tiene que ser siempre desde la conexión. No les des instrucciones nada más entrar en el dormitorio. Puedes cantar, hacer una broma, darles un masaje, cosquillas suaves, sentarte o tumbarte encima de ellos…, algo que sepas que les va a gustar. También puedes contarles un cuento o hablar por boca de un muñeco si crees que así les va a resultar más sencillo despertarse. En tu agenda, reserva cinco minutos a este rato de conexión por la mañana; que las prisas no te empujen a iniciar el día de tus hijos con hostilidad y enfrentamientos.

Ajusta vuestro horario a las necesidades de sueño de tus hijos

Las estrategias para levantar a tus hijos con alegría y buen humor no te van a funcionar si ellos no duermen lo que necesitan. En muchos casos los niños están malhumorados y perezosos por la mañana porque su cuerpo no ha descansado y necesita seguir en la cama. ¡No es un capricho, es una necesidad!

En mi experiencia con muchísimas familias para quienes levantar a los niños es un problema diario, la solución incluye cambiar los horarios. Lo mejor es que los niños se despierten de manera natural, sin despertador. Para ello es necesario acostarlos antes y, en consecuencia, adelantar la hora de la cena. Pero ¿cómo adelantar la hora de la cena si tenemos extraescolares, parque y deberes? Mi recomendación en este caso es que reduzcas o elimines las extraescolares. Cuando los horarios no se adaptan a las necesidades reales de los niños, su rendimiento escolar, sus habilidades sociales y su estabilidad emocional pueden verse perjudicados; por otra parte, es posible que se produzcan momentos de mal humor y pérdidas de control.

Además, adelantar la hora de ir a la cama tiene grandes ventajas: por un lado, suele hacer el proceso mucho más sencillo porque estamos todos (incluidos los adultos) más descansados. Por otro lado, cuando acostamos a los niños antes de que estén demasiado cansados, les resulta más fácil relajarse y dormirse (cuando los acostamos una vez que ha pasado su momento natural de dormir, se sobreexcitan para poder mantenerse despiertos). Finalmente, para los adultos es fantástico disponer de un rato para sí mismos al final del día.

Si adaptas vuestros horarios a las necesidades reales de tus hijos, os podéis ahorrar el conflicto diario de la noche y el de la mañana, ganaréis en tranquilidad, tus hijos tendrán más equilibrio emocional y mejorarán su rendimiento intelectual. Para su desarrollo esto es mucho más importante que lo que puedan aprender en las extraescolares, créeme.

¿Cómo queréis que os despierte mañana?

«La hora de despertarnos para el cole ahora es un momento bello desde que te escuché lo del "masaje pizza". Probé a hacérselo para despertarlos y les encantó, ahora todas las noches, cuando nos despedimos, me dicen de qué forma quieren despertar: de lentejas, unicornio, matemáticas, sorpresa, y yo les invento una historia mientras les doy un masaje. Te puedo decir que la sonrisa que les sale no tiene precio, mientras que antes era: "Veeeeenga, vaaaamos, que se hace tardeeee"», Begoña.

¡En otro país ya ha amanecido!

«Para despertarlos, yo les cuento a mis hijos que en otros países ya ha amanecido y me pongo a hablar con los acentos de esos países. ¡Se mueren de la risa!», Nati.

No quiere ir al colegio

> Elizabeth: «Para nosotros el peor momento del día son las mañanas, porque nuestro hijo no quiere ir al cole, y no lo entiendo, porque en el colegio se divierte y siempre sale muy contento. Pero las mañanas son horribles porque no quiere hacer nada, se enfada, no se viste, no desayuna…».

Incluso si en el colegio se siente bien, salir de casa es un gran esfuerzo. Les pasa a muchos niños, del mismo modo que a muchos adultos les cuesta ir al trabajo, incluso si una vez que están allí las cosas van bien. Es importante que te asegures de que realmente el niño está bien en el cole: con los amigos, con su profesor, con los estudios. Si no es así, tendrás que pedir ayuda para resolver lo que no está yendo bien.

Si el niño está bien y sale contento del colegio cada día, explícale que le cuesta mucho separarse de vosotros y salir de casa. ¡En casa es donde mejor se está! Tenga la edad que tenga, no intentes convencerlo de lo estupendo que es ir al colegio: su sentimiento no va a cambiar por muchas explicaciones que tú le des.

Cada día, cuando recojas a tu hijo y esté contento, dile: «Veo que tienes una gran sonrisa. Me parece que ha sido un buen día para ti, ¿es así o me equivoco?».

Cuando te despidas de él, dile: «Sé que la despedida es difícil; también sé que cuando hoy te recoja vas a estar muy contento».

A los niños los ayuda contar cada día algo positivo que hayan vivido en el colegio. Antes de despedirte puedes decirle que al recogerle le vas a preguntar por algo interesante que le haya ocurrido en el cole. ¡Al menos tiene que ser capaz de decir una cosa positiva!

A mi hija la ayudó mucho llevarse una pulsera mía al colegio y acariciarla cuando me echaba de menos. También puede ser un collar, un llavero, un pañuelo…, cualquier objeto manejable que puedan llevar encima y les recuerde a ti.

Cada día, escribe una nota especial para tu hijo y métesela en la mochila. Dile que solo puede abrirla cuando esté en su aula. De esta manera tendrá una motivación para ir a clase ilusionado. En la nota puede haber un dibujo, una frase bonita, un chiste, una suma…, algo que sepas que a tu hijo le va a hacer ilusión. Cada día tendrás que escribir una nota diferente.

Tarda en prepararse para ir al colegio

Macarena: «Mi hijo de seis años todos los días se pone a jugar y se entretiene con cualquier cosa cuando tenemos que ir al colegio y ni ha desayunado ni se ha vestido. Al final acabo chillando y algún día ha ido en pijama o ha bajado al coche sin zapatillas».

Probablemente esta madre se levanta todos los días con la intención de que las cosas vayan bien. No quiere gritar, no quiere enfadarse… Al fin y al cabo, su hijo solo está jugando. Pero cuando se acerca la hora de ir al cole y ese niño sigue sin estar preparado…, no sabe qué hacer. Me imagino su tensión y su desesperación: «¿Por qué no se ha vestido todavía, si se lo he dicho diez veces?». Al final explota y recurre a una de las herramientas que menos le gustan: los gritos.

Uno de los grandes recursos para que los niños no jueguen por las mañanas es estar todo el rato con ellos, acompañarlos en sus tareas desde la conexión y desde el juego. ¿El niño quiere jugar? ¡Convierte el rato de vestirse en un juego! A veces basta con que estéis charlando o con que los dos hagáis lo mismo a la vez: os vestís a la vez, os laváis los dientes a la vez… Hacéis las cosas juntos.

Estar presente junto a tu hijo va a reducir mucho el conflicto: tú eres el ancla y el apoyo que necesita para no despistarse y para que una tarea en la que no tiene ningún interés (vestirse) sea más sencilla.

Sé que para muchos es difícil estar con los niños por las mañanas. ¡Son mayores, saben vestirse solos! Y tú tienes que preparar el desayuno y ocuparte de la hermana pequeña. Si este es el caso, ¿puede tu hijo vestirse en la cocina mientras tú preparas el desayuno? En muchas ocasiones, lo único que necesitan es tu presencia, ¡dásela, aunque esto te obligue a flexibilizar vuestros hábitos!

Acepta que tu hijo necesita tu presencia. Incluso si tiene trece años, es posible que prepararse para ir al cole le resulte una tarea titánica (su cerebro solo quiere placer y satisfacciones inmediatas, ¡vestirse para ir al cole no le satisface nada!); si estás cerca mientras lo hace, y además charláis o hacéis bromas, le va a resultar más sencillo.

Podéis vestiros como si fuerais robots. O cantar canciones. O tú puedes hacer el tonto y vestirte «mal» (por ejemplo, te pones los pantalones en la cabeza).

Si tu hijo es mayor podéis charlar mientras se prepara, incluso puedes pensar la noche anterior en la historia que le vas a contar mientras os preparáis para ir al colegio. También puedes pasarle el brazo por encima de los hombros para llevarlo del dormitorio a la cocina, y después de la cocina al baño, como si fuerais dos amigos pasando un buen rato. Tu presencia guiando en el camino hará que el proceso sea más sencillo.

Con niños mayores pueden ayudar mucho las bromas y adivinanzas; prepáratelas con antelación si no se te ocurre ninguna, incluso puedes buscarlas por internet para contárselas por la mañana.

Si a tu hija le gusta la música, podéis elegir la noche anterior lo que vais a escuchar al día siguiente por la mañana. ¿Será la música antigua y horrible de los padres o la música moderna y *cool* que le gusta a ella?

✳ Si tu hijo debería estar en la cocina desayunando y, en cambio, está en el salón jugando o leyendo un libro, puedes hablarle de los espacios o los objetos «atrapaniños». Puedes decir algo así: «¡Oh, no, un cuento ha atrapado a mi hijo, tengo que salvarlo!». O: «Veo que tu cuarto es un cuarto atrapaniños que no quieren ir al cole. ¡Voy a rescatarte!». Cuando actúas así, estás nombrando la dificultad de tu hijo (no quiere ir al cole o no quiere dejar de jugar) sin juzgarlo y rebajando la tensión que le supone prepararse para el día que tiene por delante. Además, estaréis conectando y con un poco de suerte os reiréis juntos.

Mi hijo ahora se viste en la cocina

«Para que mi hijo se vistiera, yo tenía que estar a su lado. Así que iba a su habitación, lo despertaba y me quedaba con él hasta que se vestía. ¡Y tardaba mucho! Yo me ponía muy nerviosa porque tenía que preparar el desayuno, y la tensión ya se notaba entre nosotros. Ahora le llevo la ropa a la cocina y puede tardar lo que quiera porque mientras yo preparo el desayuno. Ha desaparecido la tensión de todos los días», María.

Dadles a vuestras mañanas un ritmo infantil

Los adultos tendemos a considerar la mañana como un espacio de transición: no «estamos» en las mañanas, sino que «pasamos» por ellas lo más rápido posible, como si fueran un rato del día sin valor *per se*. En cambio, para tus hijos no hay diferencia entre la mañana o la tarde: ellos viven en el aquí y en el ahora. Sus necesidades de implicarse con la vida (jugando, conectando contigo, desperezándose, entreteniéndose, peleándose con un hermano...) son iguales a cualquier hora del día. Los adultos tendemos a llenar las mañanas de instrucciones: «Levántate, vístete, desayuna, lávate los dientes, haz, haz, haz...», y no permitimos que los niños «vivan» la mañana. Te recomiendo que a partir de ahora conviertas vuestras mañanas en ratos para «vivir». Levantaos antes (para eso tendréis que acostaros antes también), dadles a las mañanas el ritmo infantil que tus hijos necesitan y prueba a conectar con ellos mientras los acompañas en las acciones que tienen que realizar.

No le gusta la ropa

Juan: «Por las mañanas mi hija de cuatro años no quiere vestirse. Se viste conmigo mientras mi mujer está con el bebé. A la niña no le gusta la ropa que elijo y, cuando dejo que elija ella, nunca encuentra qué ponerse. Al final termino poniéndole la ropa a lo bruto todos los días y ella llora. Me gustaría gestionar esta situación de otra manera, pero no sé cómo hacerlo».

A muchos niños les cuesta ir al cole. Incluso cuando allí lo pasan bien, el paso de casa al colegio es motivo de estrés y de tensión. Resistirse a vestirse les da un margen de tiempo para retrasar la salida de casa. En el caso de la hija de Juan, además la niña se viste mientras su madre se queda con el bebé, de modo que se puede sentir excluida de ese vínculo. Nada de esto es un proceso consciente: tu hija no elige que la ropa no le guste; son procesos inconscientes, resistencias internas cuyos mecanismos desconoce y no sabe manejar.

Siempre que haya dificultades emocionales en juego, me gustaría que pusieras en palabras lo que le ocurre a la niña. En este caso habría que nombrar que para ella es difícil irse de casa y alejarse del núcleo familiar. Tendrás que adaptar tu lenguaje a la edad de tu hija. A una niña tan pequeña puedes decirle: «A la hora de vestirnos viene el hada no-me-gusta-la-ropa. Yo creo que es porque no quiere que vayas al cole. Me parece que le gusta más quedarse en casa con mamá y tu hermanito». Si tu hija es mayor, puedes decir: «Creo que tu cuerpo no quiere ir al cole y por eso no quiere vestirse. ¡Prefiere estar en pijama para no salir de casa! Me parece que el problema no es la ropa, sino ¡salir de casa para ir al cole!».

Estaría bien que iniciaras una conversación con la niña sobre esta dificultad ante la separación y sobre cómo está en el colegio. Si puede expresar cómo se siente y tú la escuchas sin juzgarla, es probable que la ropa deje de ser un problema. Además, esto te permitirá saber si las cosas van bien en el colegio y pedir ayuda si fuera necesario.

El siguiente paso es simplificar al máximo las opciones de ropa. Cuantas menos decisiones tenga que tomar esta niña cada mañana, más sencillo va a ser el proceso. Retirad del armario toda la ropa especial y de otras estaciones del año para que solo quede aquello que puede usar a diario. De esta manera ella podrá preparar cada día (mejor aún: la noche anterior) lo que se quiere poner.

Una camiseta para cada día

«¡Ya no tenemos problemas para vestirnos por las mañanas! Antes, mi hijo de cuatro años se levantaba por la mañana exigiendo vestirse con ropa que él no tenía: "Hoy quiero ir todo entero de azul", "Hoy quiero ir todo entero con los colores del bosque". Siguiendo los consejos de Amaya, le compré siete camisetas iguales, cada una de un color. Vacié su armario y dejé solo las siete camisetas nuevas y tres pantalones muy parecidos entre sí. Le dije que cada día cogiera la camiseta que estaba más arriba en la pila. De esta manera se acabó el conflicto. Y, si algún día prefería otra camiseta de la pila, la cogía sin problemas. ¡Funcionó desde el primer día!», Elisa

✳ Cuando tu hija se niega a vestirse, puedes ofrecerte a vestirla tú. Con mucha seriedad le pones los pantalones en la cabeza, las mangas de la camiseta por las piernas, los calcetines en las manos… ¡Se va a reír mucho! Como la estás vistiendo fatal, es probable que termine decidiendo vestirse ella. Si la niña no reacciona vistiéndose, puedes ponerle tú alguna prenda bien «por casualidad» y puedes celebrar mucho tu propio acierto.

✳ Puedes decirle a tu hija que hoy vais a vestiros bailando y que no vale parar de bailar mientras os vestís. O que vais a vestiros como lo haría un robot. O que vais a vestiros mutuamente. O que vais a vestiros con los ojos cerrados. Tu objetivo es convertir este rato tan difícil para tu hija en un momento divertido, reducir su malestar y ser su aliado para que el proceso sea más agradable y sencillo para ella.

Le molesta la ropa

Roberta y Manu: «A mi hijo de once años le molesta la ropa y todas las mañanas tiene que cambiarse. Normalmente son los calcetines, pero también le ocurre con otras prendas».

Hay niños extremadamente sensibles a quienes cualquier prenda que los oprima (calcetines o ropa interior), que pese (un abrigo) o que abulte (un jersey) les molesta. Mi consejo es que a partir de ahora compres solo ropa holgada, ligera y de tacto suave. Tu hijo es muy sensible y la ropa le produce una estimulación muy molesta. Sé comprensivo y ten paciencia, la ropa seguirá incordiándole durante una buena temporada.

En muchas ocasiones el malestar físico es la manifestación de una dificultad emocional. En mi experiencia, cuando a los niños les molesta la ropa es casi siempre un síntoma de la tensión que les produce separarse de la familia para ir al colegio. Además de nombrar esa dificultad, y de iniciar una conversación sobre sus emociones como te he mostrado en el apartado anterior, te recomiendo que le digas que a partir de ahora tiene un rato más para vestirse y que podrá cambiarse de calcetines sin tensión y sin prisas. De hecho, podéis incluso preparar varios pares de calcetines con el resto de la ropa: el primer par para que se ponga y otros pares para cambiarlos. Cuando el niño ya no encuentre oposición a su conducta, es posible que esta se diluya.

Mi hija necesitaba cambiarse de ropa todas las mañanas

«Mi hija de diez años se vestía, desayunaba, se lavaba los dientes… y, cuando estábamos todos listos para salir, tenía que cambiarse de ropa porque siempre le molestaba alguna prenda. ¡Era desesperante! La niña terminaba llorando, nosotros enfadados y todos salíamos de casa tensos y con prisas. Amaya nos recomendó que le dijéramos que a partir de ahora íbamos a hacerlo todo antes para que tuviera tiempo de cambiarse de ropa, con calma, justo antes de salir. Y le comenté que creía que lo que le ocurría era que no quería ir al colegio. Creo que esto marcó una diferencia: en cuanto ella comprendió lo que le pasaba, la ropa dejó de molestarle. ¡Ni un día más! Fue increíble, después de meses de peleas, en cuanto nombramos su dificultad y le aseguramos que tendría tiempo para cambiarse de ropa, no volvió a necesitar hacerlo», Beatriz.

Le cuesta salir de casa

Cristina: «Nuestro problema con mi hijo es que nos cuesta muchísimo salir a la calle, incluso cuando vamos a hacer algo que sabemos que a él le gusta, y cuando llega la hora de volver a casa también es siempre un problema».

Los adultos nos pasamos el día empujando a los niños: para que se levanten, para que se laven las manos, para que recojan, para que hagan los deberes…, a veces ¡es agotador! Cuando salir a la calle es también un esfuerzo, los padres nos desesperamos y deseamos que estas transiciones sean más fáciles.

A tu hijo lo va a ayudar que pongas en palabras su dificultad: «Ahora vamos a salir a la calle y yo sé que nos cuesta muchísimo hacerlo. ¡Estamos tan a gusto en casa! A la hora de salir a la calle te gustaría convertirte en sofá, en ventana, en manta…, ¡en algo que no tuviera que moverse de aquí! Pero, claro, eres un niño, y los niños a veces salen a la calle y se lo pasan genial. ¿En qué quieres convertirte hoy para no salir?».

Lo ideal es que tu hijo empiece a dar ideas: «Quiero ser una lámpara», «Quiero ser mi juguete favorito»… De esta manera, sin que te des cuenta, está hablando de su dificultad y la resistencia a salir probablemente se reduzca.

Si tu hijo tiene más de seis años, puede participar en la búsqueda de una solución: «¿Qué podríamos hacer para que salir de casa no sea tan difícil? ¿Estamos juntos todo el rato mientras te preparas, como si estuviéramos pegados con pegamento?». O: «Puedo taparte los ojos mientras nos vamos, así creerás que todavía estamos en casa».

✳ Ponte varios de sus zapatos (como no te caben en los pies, póntelos en las manos) y, si los reclama para él, dile: «¡No me los quites! Me los voy a llevar yo porque tú no quieres salir a la calle y estos zapatos están deseando salir de casa. Además, me quedan muy bien, son muy cómodos y con ellos no necesito guantes».

✳ Pide ayuda escandalosamente: «Socorro, socorro, es la hora de salir de casa y esa hora es dificilísima. Policía, bomberos, ayudadnos a salir de casa, por favoooooorrrr». Conviértete en sirena de policía, haz niiinooo-niiinooo y acompáñalo mientras se prepara hablando todo el rato como si fueras policía.

✳ Si a tu hijo le interesan los números, los tiempos y es competitivo, puedes cronometrar el tiempo que tarda cada día en prepararse y, además, podéis hacer un calendario donde vayáis apuntando los tiempos. Te recomiendo que no hagas esto con más de un hijo: la competición debe ser con uno mismo; si varios niños se cronometran y después comparan resultados, estarás incentivando la competitividad y, en consecuencia, la rivalidad entre ellos.

Resumen del capítulo

- Busca la verdadera razón del malestar del niño. ¿No quiere ir al colegio? ¿Le resultan difíciles las transiciones? Intenta solucionar el problema, si es que lo hay y se puede.

- Nombra la dificultad al niño: «Es difícil despedirte de tus padres por las mañanas».

- Crea horarios adecuados. Si tu hijo necesita más tiempo por la mañana, tal vez tenga que acostarse antes.

- Genera un ambiente agradable y de conexión entre vosotros.

- Acompáñalo para hacer las cosas; necesita tu presencia.

- Convierte los momentos difíciles en ratos de juego.

2.
Por la noche

Si las mañanas son difíciles, las noches pueden ser terrorífi-
cas. Una de mis hijas, después de un cambio de país (hemos
vivido con los niños en cuatro países), lloraba tanto por la
noche que creíamos que los vecinos iban a llamar a la policía. ¡Parecía que la estábamos maltratando! En realidad,
la teníamos en brazos o estábamos con ella en su cama o en la
nuestra, pero, hiciéramos lo que hiciéramos, la niña se sentía tan vulnerable en esa fase de su vida que se resistía con
uñas y dientes (¡y alaridos!) a dormir. La situación se resolvió
en un día, cuando se me ocurrió dibujar un cuento con ella
(te explico cómo hacerlo en el cuadro de texto «Dibuja un
cuento con tu hija» de la pág. 49).

Esta resistencia agresiva no es la única con la que se encuentran los padres. Hay niños que parecen activarse justo a la hora de acostarse, otros tienen necesidades que no
habían tenido en todo el día, otros se enfadan cada noche,
otros tienen miedo de quedarse solos en su cuarto, otros
negocian un rato más cada día, otros tienen sed una y otra
vez… Y esto ocurre en un momento en que los adultos estamos agotados, no tenemos paciencia, nos tensa pensar

que no van a dormir lo suficiente y a veces tenemos trabajo pendiente que queremos terminar en cuanto se acuesten. ¡Es muy difícil!

A lo largo de las próximas páginas voy a darte pautas que te ayudarán a hacer más fácil cada vez el momento de la noche. Aprenderás que es necesario tener horarios consistentes que respondan a las necesidades de descanso de los niños y acostarlos lo más temprano posible y comprenderás que ellos no eligen que la hora de dormir les resulte difícil. Podrás acompañarlos desde la calma y la firmeza.

Se niega a meterse en la cama y dormir

Natalia: «Mi hija de diez años no se quiere dormir. En cuanto llega la hora de acostarse, se enfada y dice que no se va a ir a la cama, que no se va a tumbar y que no se va a dormir. Se pone agresiva, y nosotros también nos ponemos agresivos con ella. Cuando por fin se duerme, lo hace del tirón. Pero nos cuesta muchísimo que se meta en la cama y se tumbe. Hemos probado de todo: premios, castigos, regañinas…, y no lo logramos».

Intuyo que esta niña no quiere ir al colegio al día siguiente y, cuando se acuesta, ¡el colegio está a la vuelta de la esquina! Tal vez a ti te ocurre lo mismo: el domingo por la noche te cuesta ir a la cama porque no quieres ir al trabajo al día siguiente; es muy habitual.

Te animo a que pongas nombre a lo que le ocurre a la niña. Puedes decirle: «Te entiendo. No quieres acostarte porque, si lo haces, enseguida te tocará ir al colegio. Tu cuerpo necesita dormir. ¡Todas las noches de tu vida has dormido! ¿Qué podemos hacer para que la hora de irse a la cama sea más sencilla?». También puedes usar un lenguaje más infantil: «Estas últimas noches están viniendo unos enfados enormes. ¡No quieren que te vayas a dormir! ¿Qué podríamos hacer para que se fueran pronto? Lo pasamos todos muy mal cuando están aquí».

Puedes implicarla en la solución del problema preguntándole si hay algo que haga el rato de irse a la cama más sencillo. En la mayoría de los casos te dirá que no. Si logras hablar con ella sobre qué es lo que le resulta tan difícil, la estarás ayudando mucho y probablemente su tensión disminuirá.

Te animo a que pienses si puedes introducir algún cambio en vuestra rutina de la noche para que esta sea más sencilla. Tal vez puedes acostarte tú con ella o puede acostarse ella en vuestra cama (y cuando esté dormida la pasáis a la suya). También podría dormir con su hermana, leer un ratito en la cama antes de apagar la luz… Si encontráis una solución entre las dos, es posible que funcione, al menos una temporada. Cuando deje de funcionar, tendréis que buscar otra solución.

Si esta situación se repite todas las noches, tendréis que aceptar todos que la niña necesita soltar por la noche la tensión acumulada durante el día. Díselo a ella sin juzgarla: «Últimamente necesitas enfadarte cada noche. Nos vamos a acostar antes para que tengas tiempo suficiente para enfadarte lo que necesites».

En este caso tendrás que asegurarte de que se va a la cama antes de lo normal. Una de las cosas que a ti te estresa es ver cómo se está haciendo tarde y la niña sigue despierta, ya que sabes que no va a dormir lo que necesita y que al día siguiente estará cansada. También te estresa ver que tú no estarás libre hasta dentro de un buen rato. Si adelantas la hora de acostarla y le das tiempo para que suelte su tensión, tú estarás más tranquila y manejarás la situación con más calma.

A veces los niños están tan alterados que necesitan que nosotros los contengamos. A algunos niños les basta con que los abraces mientras ellos gritan y patalean. Otros necesitan que estés a su lado. Otros, que pongas un límite a su explosión. Si este último caso es el de tu hija, puedes limitar el tiempo durante el que puede mostrarse agresiva y decirle cuánto rato tiene para su explosión. Si es pequeña, puedes darle una idea del tiempo que le queda separando las manos a cierta distancia; a medida que el tiempo se vaya acabando, acerca las manos. Si es mayor, puedes indicarle los minutos de gritos que le quedan. Si, por ejemplo, repite siempre la misma frase, puedes decirle que ya solo puede repetirla cinco veces más. Tu objetivo no es enfadarte con la niña, sino contenerla. Ella no sabe frenarse y tú estás ahí para hacerlo. Hazlo con asertividad y firmeza, pero no con dureza.

Finalmente, no olvides averiguar el origen de esta resistencia a la hora de ir a dormir: cómo van las cosas, si lo pasa mal, si hay algo que hablar con sus profesores, etcétera.

Dibuja un cuento con tu hija

Esta herramienta es una de mis favoritas, y ha funcionado muy bien en mi casa y en la de muchas otras familias y, además, sirve para muchas situaciones difíciles que se repiten. Te propongo que dibujes un cuento con tu hija, juntas, y que en cada página haya un dibujo. Voy a indicarte cómo hacerlo para resolver el problema de ir a la cama, pero puedes utilizarlo para muchas otras situaciones complicadas que se repiten. Primero dibujaos abrazándoos y sonriendo, una escena de amor y armonía. En las siguientes páginas dibujad vuestra secuencia habitual para ir a la cama: cenando, lavándoos los dientes, poniéndoos el pijama, leyendo cuentos. A continuación, dibujad el momento de la confrontación y la dificultad: tu hija y tú gritando, o llorando, o lo que ocurra normalmente en tu casa. Después, dibujad de nuevo el momento de la dificultad, pero esta vez como te gustaría que se resolviera. Por ejemplo, tu hija en la cama con una sonrisa y tú a su lado dándole la mano. En el último dibujo representad a todos los miembros de la familia, cada uno en su cama con los ojos cerrados y sonriente. Si tu hija es pequeña y aún no sabe dibujar, puede colorear u opinar sobre cómo quiere que pintes un vestido, una lámpara, su pelo... Leedlo todos los días antes de ir a la cama. En muchos casos funciona genial desde el primer día.

No quiere hacer las rutinas previas a acostarse

José Manuel: «Después de cenar, nuestro hijo no quiere ponerse el pijama ni lavarse los dientes».

Este niño, como tantos otros y como muchos adultos, no quiere enfrentarse a la serie de tareas previas a irse a la cama, quizá porque le dan pereza, porque no quiere acostarse, porque está cansado o porque le cuestan las transiciones. Sea por la razón que sea (probablemente una mezcla de varias), a este niño le cuesta hacer las cosas, y lo mejor que puedes hacer es convertirlas en un momento lúdico y agradable para él. Tu presencia se lo va a hacer mucho más fácil. Incluso si tu hijo tiene más de doce años, irse a la cama le puede resultar difícil y tu misión es ayudarlo para que lo haga con la menor tensión posible.

Piensa que ahora tu hijo asocia una emoción negativa con el momento de irse a la cama. Si tú te enfadas, la emoción negativa va a aumentar y ¡todavía le va a resultar más difícil acostarse! En cambio, si tú lo acompañas y creas conexión, este momento dejará de ser tan complicado para él.

⊕ ¿Es posible que hagáis las rutinas previas a acostaros jugando? Prueba a ir al baño haciendo un tren o como robots. Lleva a tus hijos como si fueran una carretilla o id a la pata coja. Si son pequeños, cógelos como un saco de patatas. O intentad ir con los ojos cerrados la mayor parte del camino. No olvides que, aunque sepan hacerlo solos, tu presencia y acompañamiento va a hacer que este proceso sea mucho más sencillo para ellos.

Si tu hijo es más mayor y estos juegos no le interesan, cuéntale alguna historia de tu infancia o juventud mientras vais al baño juntos. Podéis pactar que cada día le contarás una historia nueva, ¡llegará a conocerte muy bien y estaréis conectando!

También podéis decidir que cada día uno de vosotros va a elegir con qué música os laváis los dientes, os ponéis el pijama, etcétera, y podéis bailar mientras lo hacéis.

Cuando tus hijos no te hacen caso y te ignoran o inician una actividad diferente a la que tú les has pedido, puedes decirles: «Si sigues dibujando (o la actividad que estén haciendo), tendré que echarme un vaso de agua por la cabeza». O: «Si sigues haciendo eso, voy a cantar a voz en grito nuestra canción favorita». Estarás atrayendo su atención y es una manera divertida de pedirle que pare de hacer lo que tiene entre manos. Si tu hijo es mayor, esta estrategia es muy útil porque estarás eliminando la hostilidad de tus palabras. Puedes decirle: «Si sigues jugando a videojuegos, voy a sentarme en tus piernas y voy a ponerme a jugar yo, ¡a lo mejor te hago bajar de categoría!».

Una herramienta poderosa: en lugar de dar instrucciones, ¡cántalas!

En el día a día, normalmente los adultos damos muchas instrucciones a los niños: «Ponte el abrigo», «No te metas el dedo en la nariz», «Ve a hacer pis», «No pegues a tu hermana», «Lávate los dientes», «Quítate los zapatos», «Haz los deberes», «Recoge la mesa»... Son tantas que los aturdimos y muchas veces dejan de registrarlas porque se convierten en ruido de fondo. Otras veces los niños desarrollan una resistencia a tantas instrucciones porque ¡no pueden más! Es como si ya no les cupiesen más órdenes en el cerebro.

Una excelente manera de señalar las transiciones con niños de menos de ocho años (y que en muchos casos funciona con niños de hasta diez años) es usar canciones. No tendrás que dar ninguna instrucción, sino solo ponerte a cantar: en cada transición, la misma canción (siempre la misma). Por ejemplo, cuando llegáis a casa podéis cantar la canción de lavaros las manos: «Y así, y así, nos lavamos las manos. Así, así, nos las lavamos así». Para recoger la mesa: «Recogemos la mesa todos juntos, recogemos la mesa todos juntos después de comer». Puedes inventarte canciones muy sencillas con un mensaje muy claro y directo (¡y, si es posible, que suenen bien!).

Se activan justo a la hora de acostarse

Claudia: «Mis hijos están aburridos toda la tarde, pero, cuando llegan las diez de la noche, se activan y tienen muchísimas cosas que hacer. No hay manera de hacerlos ir a la cama».

Posiblemente en algún momento de la vida de tu primer bebé, la pediatra te recomendó que tuvieras unas rutinas de sueño consistentes y muy estables. Y es muy probable que las tengas, pero ¡ya no funcionan! Cenáis, recogéis entre todos, os laváis los dientes, os ponéis los pijamas, leéis y, cuando es la hora de ir a la cama, los niños no hacen caso, están más activos que nunca, se pelean, se niegan a escucharte… Veamos qué aspectos de vuestra rutina pueden cambiarse.

Mi primera recomendación es que adelantes la hora de acostarlos. Sé que puede resultarte contraintuitivo, ¿para qué acostarlos antes si tardan una hora en dormirse? En mi experiencia, los niños se activan en exceso cuando su hora natural de dormir ya se ha pasado. Entonces, para mantenerse despiertos activan sus reservas de energía y se sobreexcitan. Conseguir que un niño se relaje y se duerma partiendo de unos niveles de energía tan altos requiere mucho tiempo.

Este cambio no será inmediato (tal vez os lleve una semana) y es probable que al principio tus hijos se resistan. Si este es el caso, no olvides que tú, como líder de la familia, debes tomar las decisiones que afectan a su salud y bienestar, incluso cuando estas no coinciden con sus deseos. Puedes decirles que es una decisión temporal hasta que sean más mayores y no necesiten dormir tanto.

Para que a los niños les resulte más sencillo tranquilizarse antes de acostarse, elimina las actividades estimulantes al menos dos horas antes de ir a la cama: nada de deporte, nada de pantallas (ni tele, ni Play, ni tableta, ni móvil, ni ordenador) y tampoco nada de juegos muy activos y excitantes. Si tienes luces graduables, suaviza la potencia.

A lo mejor os ayuda eliminar el juego después de la cena. Podéis recoger la mesa, lavaros los dientes e ir directos al sofá o a la cama a leer. Tu objetivo es que no haya un rato de juegos entre la cena y el momento de dormir. Leer suele ser tranquilizador, tanto si les lees tú como si lo hacen ellos solos.

Noches sin luz eléctrica

«Nos resultaba imposible que los niños se relajaran antes de irse a la cama, siempre estaban muy acelerados. Decidimos no encender la luz eléctrica después de cenar y hacerlo todo con velas. A los niños les encanta y están mucho más relajados. También adelantamos media hora el momento de acostarse. Ahora se duermen con mucha más facilidad», Lucero.

Pide agua, ir al baño, me llama...

Estíbaliz: «Nuestra rutina de la noche funciona muy bien. Pero, cuando mis mellizos se acuestan, no paran de pedirnos agua, se levantan para ir al baño, nos llaman...».

Por fin llegamos al momento más crítico: cuando los niños están en la cama y no hay manera de que se duerman; quieren beber agua, tienen que ir al baño, han recordado algo que tienen que contarte, tienen sed de nuevo… Sus peticiones y necesidades no se terminan nunca ¡y tú ya no sabes qué hacer! Al final termináis todos enfadados porque, además, a última hora del día el cansancio te puede y no tienes la paciencia que tus niños necesitan.

En este caso, mi primera recomendación es que pongas en palabras lo que está ocurriendo en realidad: el principal problema no es la sed, sino que no quieren separarse de ti, o no quieren dormirse, o no quieren ir al colegio al día siguiente. Puedes decirles: «Veo que hoy no tenéis ganas de dormiros. ¿Será porque no queréis ir al cole mañana?». O: «El rato de dormir os resulta difícil porque os cuesta mucho separaros de mí. No me extraña, ¡con lo que nos gusta estar juntos! Ahora es la hora de dormir y mañana estaremos juntos otra vez». Ya hemos hablado de lo importante que es poner en palabras la verdadera dificultad de los niños, pues solo así serán capaces de manejarla.

Además, debes limitar el número de distracciones que pueden tener. Puedes establecer que el agua solo se bebe antes de acostarse y que al baño también se va antes de meterse en la cama. Recuérdales cada noche que lo hagan: «Atención, es la hora de ir a la cama. Nos toca el último pis del día y el último sorbo de agua. Hay que beber poco para no tener ganas de ir al baño de nuevo». Si lo que quieren tus hijos es contarte algo, puedes decirles: «Eso ya me lo cuentas mañana».

A los niños no les va a resultar sencillo este cambio, ya

que están habituados a expresar su resistencia a dormirse en forma de necesidades externas: el baño, el agua, charlar… Tú los estarás ayudando a reducir esa resistencia y les harás la vida más fácil. Ellos solos no van a conseguir contenerse: es algo que tienes que hacer tú con firmeza y sin agresividad.

Lo normal es que los primeros tres días sean complicados, pero después, si has sido consistente, los niños habrán asumido la nueva norma y ya no pedirán agua más veces de las acordadas.

Escribir o dibujar las nuevas pautas puede ser una gran ayuda para que tus hijos las interioricen. Haz un cartel con ellos en el que se representen las veces que pueden ir al baño y a beber agua y colocadlo en un lugar visible de la habitación. Si tu hijo es mayor, en lugar de dibujarlo podéis escribirlo como si fuera un contrato y firmarlo los dos.

Cuando mis hijos eran pequeños, después de estar un rato con ellos yo cantaba esta frase con un tono suave: «Cuarto de silencio». Si alguno de los niños quería hablar, cantaba de nuevo la frase. Pronto la cantaban ellos también si algún hermano hablaba, y se quedaban todos en silencio.

Los primeros días tendrás que distraer a tus hijos contándoles cuentos más atractivos que los de costumbre. Cuéntaselos con la luz apagada para que vayan introduciéndose en el sueño. Prepárate los cuentos antes de acostarlos y asegúrate de que son un poco más largos de lo normal: al principio los niños necesitarán una buena distracción para sustituir a las distracciones anteriores.

Un mundo de tartas imaginarias

«Para distraer a mis hijos y que no se levantaran al acostarse, me inventé un mundo de tartas (en casa somos buenos reposteros y a mis hijos les gusta mucho preparar tartas con nosotros). Les hablo de tartas gigantes e invito a los niños a lanzarse en ellas, saltan, bucean en la crema… Son tartas muy vistosas y ellos me ayudan a inventarlas. Les gusta tanto que ya no han vuelto a pedir ni agua ni ir al baño. Eso sí, antes les dije que ahora ya no se podían levantar después de haberse acostado. Con estas historias lo hemos conseguido», Inés.

Los cuentos del «jardín seguro»

Durante años les conté a mis hijos cuentos del «jardín seguro», que los ayudaban a relajarse y a entrar en el proceso del sueño. Son útiles también para limitar las distracciones (querer agua, querer ir al baño…) y sirven con niños hasta los diez u once años. Pide a tu hijo que cierre los ojos y que vaya caminando hacia el jardín seguro, que está rodeado por una valla y en el que nunca nunca pasa nada peligroso. Es un espacio maravilloso. Un día el jardín es una selva en la que tu hijo ve a una familia de leones, se acerca a ellos y el león mayor lo anima a que suba a su lomo, tu hijo lo hace y el león lo lleva a explorar la selva. El resto de los leones los acompañan. Empieza a anochecer y la familia de leones encuentra un lugar para dormir junto al tronco de un árbol. Tu hijo se acurruca entre los padres y se queda dormido. El jardín seguro puede ser el cielo, con nubes en las que dar

---

volteretas. O el firmamento, para ir saltando de estrella en estrella. Puede ser un mar por el que lo guías para que nade con delfines. Es importante que las historias terminen en un espacio cómodo y cálido en el que dormir. Si tus hijos son mayores, en el jardín seguro pueden hacer algo que les encante: jugar al fútbol y meter goles increíbles. O hacer piruetas mortales con el monopatín. O volar en un cohete.

Tenemos que quedarnos con ella hasta que se duerme

Ana: «Mi hija de ocho años necesita que nos quedemos con ella hasta que se duerme, a veces más de una hora. Yo estoy cansada a esas horas, a menudo todavía tengo cosas que hacer en casa y a veces termino gritándole, y sé que eso no ayuda a que se relaje. ¿Qué puedo hacer?».

Lo primero que deberías hacer es poner en práctica las recomendaciones anteriores: adelantar la hora de acostarse y crear un ambiente tranquilo y nada estimulante en las dos horas anteriores a ir a la cama. Si aun así a la niña le cuesta tanto dormirse, plantéate estas dos preguntas:

1. ¿Estoy realmente preparada para iniciar el cambio en este momento, aunque sea difícil?
2. ¿Está mi hija preparada para iniciar este cambio o aún es inmadura y realmente necesita que la acompañe hasta que se duerme?

Si la respuesta a una de las preguntas, o a las dos, es negativa, te invito a que cambies tus expectativas y asumas que por ahora vas a estar cada noche un buen rato dándole la mano a tu hija. Muchas veces lo que nos impide estar bien son nuestras expectativas. Si estas se modifican, tu vida será más sencilla y agradable.

A partir de ahora acepta que tendrás que invertir cada noche una hora para estar con la niña, y no te resistas. Acompáñala con tranquilidad y paciencia, sin juzgarla ni culpabilizarla. Piensa que ahora estás una hora con ella de mal humor; si cambias tus expectativas, estarás una hora con ella de buen humor. Recuerda que tu hija no elige necesitarte por la noche, sino que tiene una dificultad a la hora de dormir y tu misión en este momento es acompañarla.

Si, en cambio, la respuesta a ambas preguntas es positiva y consideras que tanto tú como la niña estáis preparadas para iniciar este cambio, lo mejor es que hagas partícipe a la niña de tu decisión. Puedes decirle: «Sé que eres una niña muy autónoma con una gran capacidad para hacer cosas (aquí deberías añadir ejemplos de cosas que tu hija hace de manera autónoma). Sé que también estás preparada para dormir sin que yo esté aquí dándote la mano cada noche. A partir de hoy quiero darte la mano un rato y que tú me avises cuando estés lista para que me vaya».

Explícale por qué para ti es importante: dile que tienes cosas que hacer y que te encanta pasar tiempo con ella, pero no por la noche porque en realidad quieres descansar, aunque antes necesitas terminar un informe del trabajo. Cuéntale que disfrutarías mucho ese rato si fuera más corto. Dile también que te encanta estar con ella, pero sobre todo durante el día, cuando no tienes sueño ni cosas que hacer ni ganas de descansar. Si tu hija está realmente preparada para separarse de ti y durante el día tiene muchas oportunidades de autonomía y conexión contigo, es muy probable que acepte tu invitación a dormirse sin que la acompañes tanto rato.

✳ Ofrece a tu hija un objeto tuyo que la acompañe mientras se duerme: una camiseta, un pañuelo, una de tus almohadas…, algo que le haga sentir que te tiene cerca.

✳ Podéis unir vuestras camas con una hebra de lana; así la niña sentirá que estáis juntas, incluso estando separadas.

Está en la cama, pero no se relaja, ¿qué hago?

Si a pesar de adelantar la hora de ir a la cama el niño sigue teniendo dificultades para relajarse y «frenar su bici» (así lo decimos en mi familia), puedes probar esta visualización, que es un bonito ejercicio de relajación y funciona muy bien.

Dile a tu hijo que hay un hada (o un monstruito volador, o un superhéroe diminuto, o una mariposa) sobrevolando por encima de su cuerpo. Este personaje tiene un cubo de pintura mágico y va a pintar el cuerpo de tu hijo lentamente. Primero va a pintar los dedos de sus pies, y tú puedes decir: «Ahora el hada está pintando los dedos de tus pies. ¡Son azules! ¿Los ves?».

A continuación sigue por los pies, los tobillos, las piernas... Puede pintarle de un solo color o de varios, puede usar colores brillantes y purpurina y también puede pintar una estrella en algunas partes de su cuerpo. A veces el personaje se aleja de tu hijo para observar el resultado de su obra, y entonces puedes decir: «Ahora el hada ha volado más alto y está mirando lo que ha pintado: está viendo tus pies azules, tus piernas verdes, tus muslos rojos... Ahora vuelve a bajar para seguir pintándote las caderas y la barriga, ¿qué color quieres que elija?».

Si tu hijo es mayor, puedes hacer lo mismo, pero sin el personaje. Guíalo para que visualice cómo su cuerpo se va coloreando: «Observa los dedos de tus pies, son de color azul. El azul se va extendiendo por el resto del pie. Es un azul precioso. Ahora llega al tobillo y se está transformando en verde».

Este es un ejercicio de relajación que ayudará a tu hijo a bajar los niveles de energía y lo preparará para el sueño.

Se despierta muchas veces por la noche

Javier: «Mi hijo de cinco años duerme en su cama desde los dos años. Siempre ha dormido muy bien, pero últimamente se despierta varias veces durante la noche, a veces hasta cinco o seis veces. También tenemos un bebé, así que mi mujer atiende al bebé, que todavía mama, y yo al mayor. No dormimos ninguno de los dos y durante el día estamos cansados y malhumorados».

¿Por qué un niño que siempre ha dormido bien de pronto deja de dormir? La llegada de un hermano es un acontecimiento muy desestabilizador. El hermano mayor está solo en su cuarto mientras que en el dormitorio de los padres está el otro niño, que se lleva toda la atención y se entera de todo lo que ocurre. Los padres son el centro en torno al cual gravitan los niños, y este niño se siente excluido.

Él, por supuesto, no elige despertarse. Tiene una alerta interna que le dice que está solo y que no se siente bien en su soledad. Esta alerta lo despierta y le hace reclamar lo que necesita: la compañía de los adultos. Él también quiere estar en el lugar en el que se siente más seguro.

¿Sería posible que este niño durmiera en una camita junto a la cama de los adultos o en un colchón en el suelo? ¿Podría uno de los adultos dormir con el mayor y el otro con el menor hasta que los dos niños estén preparados para dormir juntos sin los padres? ¿Hay algún animal o un tercer hermano que pueda dormir con el niño mayor? Es importante que el niño no se sienta excluido del núcleo familiar. Esta situación es pasajera y dentro de un tiempo tus hijos ya no necesitarán dormir en tu dormitorio.

A veces la solución es tan sencilla como poner en palabras lo que le ocurre al niño. Se le puede decir: «Yo creo que te despiertas porque no te gusta estar solo por las noches. ¡Con lo bien que dormías tú solo cuando eras más pequeño! Pero, claro, ahora está tu hermano con nosotros y tú también quieres estar aquí. Voy a enseñarte fotos de cuando eras bebé, para que veas que tú también dormías con nosotros».

Enseñar fotos de lo que hicieron de bebés es una gran ayuda para muchos niños, pues se dan cuenta de que no tienen una carencia, no se han perdido nada, sino que ya lo han vivido y lo han dejado atrás. También funciona muy bien contarles historias y anécdotas de lo bonita que era la vida con ellos cuando eran pequeños, cómo se comporta-ban, cómo eran, qué hacían… Así comprenderán que lo que está haciendo el bebé lo hicieron ellos antes.

> Icíar: «Mi hija se despierta cuatro o cinco veces cada noche. Dice que no tiene pesadillas, así que no sé por qué le pasa. Yo o el padre vamos a su cama y estamos un rato con ella, hasta que se vuelve a dormir. Pero se despierta de nuevo. Así hasta cinco veces. Al final al-guno de nosotros se queda durmiendo con ella en su cama, que es muy pequeña, y no descansamos y nos levantamos con dolor de espalda».

Lo primero que hay que hacer es averiguar si la niña está tranquila en su vida: si todo va bien en el colegio, con sus hermanos, con vosotros… A veces la ansiedad acumulada durante el día puede despertar a un niño (y a muchos adul-tos) por la noche, de modo que tu primera misión es ayu-darla a estar bien durante el día.

Algunos niños que no pasan mucho tiempo a lo largo del día con sus padres lo buscan (de manera inconsciente) durante la noche. Si este puede ser el caso de tu hija, com-prométete a estar más presente, a conectar más con ella y a hacer más actividades juntas.

Una vez que hayas satisfecho las necesidades emocionales de la niña, puedes ayudarla a reengancharse al sueño cuando se despierte, porque ella no sabe hacerlo. De hecho, cuando se despierta, reacciona de manera automática: te pide ayuda a ti. La buena noticia es que tú puedes enseñarle a continuar durmiendo: dile que vuelva a cerrar los ojos inmediatamente. Puedes decirle: «En cuanto te despiertes, cierra los ojos de nuevo muy rápido para no despertarte del todo. Porque, si abres los ojos y empiezas a llamarnos, ¡te vas a despertar seguro! ¡No conozco a nadie que sepa dormirse a la vez que llama a sus papás!» (si puedes, haz un poco el payaso mientras lo dices; hacer el payaso siempre ayuda).

Si se levanta para ir a vuestra cama, puedes decirle: «No conozco a nadie que sepa dormir y andar a la vez, ¿y tú? Lo mejor es que cierres los ojitos, no te levantes y sigas durmiendo».

Si la niña está preparada para dormir sola, es probable que lo logre. Una de mis hijas lo consiguió haciendo exactamente lo que te acabo de explicar. Si, por el contrario, aún necesita estar cerca de ti, tal vez la mejor solución sea permitirle estar contigo hasta que haya madurado.

Mi hijo quiere dormir conmigo, ¿qué hago?

Hay muchas teorías acerca de la conveniencia o no de que nuestros hijos duerman con nosotros. Hay quienes apoyan el colecho y quienes lo consideran peligroso para los niños física y emocionalmente. En este sentido, es importante que identifiquéis cuáles son vuestros valores (no los de vuestros padres, los del pediatra o los de vuestros amigos: los vuestros) y que actuéis de la manera en la que os sintáis más cómodos.

Antes de seguir leyendo, quiero que sepáis que yo no tengo nada contra el colecho. De hecho, lo hemos practicado con nuestros tres hijos y a día de hoy vienen a nuestra cama cuando tienen una pesadilla.

Mi opción con respecto a la noche es siempre la más práctica: lo importante es que consigáis dormir lo máximo posible. En muchas familias la única manera de que los adultos descansen es aceptando a sus hijos en la cama. Si ese es vuestro caso, os recomiendo que, mientras estéis cómodos, dejéis que los niños duerman con vosotros. Cuando sean más mayores y ya no quepáis, habrá llegado el momento de que se trasladen a su cuarto.

Si preferís no hacer colecho, hay opciones que satisfacen las necesidades del niño de estar cerca de sus padres y que os van a permitir dormir más que si tenéis que cambiar de habitación varias veces durante la noche, por ejemplo, una camita pequeña junto a la vuestra o un colchón en el suelo son buenas alternativas.

Algunos niños necesitan una pataleta antes de dormir

«Con ocho años nuestra hija se enfadaba todas las noches antes de dormir. Todo iba bien hasta que íbamos a darle las buenas noches y a pasar un ratito con ella en la cama. En ese momento siempre había un motivo para enfadarse: algo que había ido mal durante el día, algo que iba a ir mal al día siguiente… Eran enfados muy virulentos que duraban mucho.

Amaya me dijo que nombrara la dificultad de la niña, así que le dije que me había dado cuenta de que cada noche elegía un motivo para enfadarse, como si hubiera muchas ideas revoloteando a su alrededor y ella eligiera la que la ayudara a enfadarse. Le dije que, a partir de ese momento, cuando la viera agarrándose a una "idea-enfado" se lo diría e intentaríamos que soltara el enfado con masajes y silencio.

Al cabo de dos semanas, la niña dejó de enfadarse todas las noches. Había identificado su mecanismo y ella misma, con mi ayuda, supo ponerle fin», Roberta.

Resumen del capítulo

- Acuesta a tus hijos lo más temprano posible.

- Asegúrate de que duermen lo que necesitan (mejor si se despiertan solos, sin que tú los despiertes).

- Establece rutinas tranquilas desde dos horas antes de acostaros.

- Nombra su dificultad («No quieres ir al colegio mañana»).

- Usa el juego para las rutinas que no les gusta hacer (lavarse los dientes, ponerse el pijama...).

- Si es necesario, cambia tus expectativas y acepta que todavía necesitan tu presencia y acompañamiento.

- Ayúdalos a relajarse.

- Considera la opción de dormir cerca de ellos.

- Enséñales a reengancharse al sueño pidiéndoles que cierren los ojos de nuevo en cuanto se despierten.

3.
Higiene y cuidado personal

Los adultos podemos ser flexibles ante algunas de las dificultades de nuestros hijos, pero, si no les gusta lavarse los dientes o no les gusta bañarse, ¿qué hacemos? No podemos permitir que nuestros hijos no se laven los dientes, y tampoco queremos la pelea diaria que eso implica. Estas situaciones suponen un desgaste emocional para todos: algo tan sencillo como lavarse las manos se transforma en una batalla campal a diario.

En las siguientes páginas voy a darte algunos recursos que te ayudarán a hacer estas actividades más sencillas para todos. Tu objetivo es reducir al máximo la emoción negativa asociada a la acción, porque, si a tu hija le cuesta lavarse los dientes porque le da pereza o no le gusta, y además anticipa que va a haber una pelea contigo, la idea de ir al baño la pondrá tensa porque hay varias emociones negativas asociadas. De manera que te invito a que uses tu creatividad y conviertas esos ratos complicados en momentos agradables y de conexión. Ya verás como no te va a resultar difícil y lograrás que las cosas vayan mucho mejor.

No quiere lavarse los dientes

María L.: «Mi hijo de cuatro años no quiere lavarse los dientes, así que al final se los lavo yo a la fuerza cada día. El pobre termina llorando, pero no sé de qué otra manera hacerlo».

Me gustaría que aprendieras a ponerte en el lugar del niño e imaginaras qué puede sentir ante una actividad determinada. ¿Cómo es para él, con su coordinación de niño de cuatro años, meterse un palo en la boca y moverlo sobre los dientes? Probablemente sea desagradable, difícil y, además, él no le encontrará mucho sentido, ya que el niño no puede anticipar el futuro y los posibles problemas bucales. Comprender cómo vive tu hijo una experiencia como esta te permitirá ayudarlo. Esto no significa que pienses que, como es difícil para él, es mejor que no se lave los dientes. ¡No! Esto significa que, como es difícil para él, vas a facilitárselo todo lo que puedas hasta que la experiencia sea más sencilla.

No te ayudará comparar a tu hijo con otros. Si quieres empatizar con él y comprender cómo vive este proceso, ¡piensa solo en él! Da igual si su prima de dos años se lava los dientes perfectamente. Tu hijo es único y tiene las dificultades que tiene. Compararlo con otros niños, o tener expectativas que no se adecúan a su realidad, no solo no te ayudará, sino que os va a llevar a tener conflictos innecesarios.

Si a tu hijo le cuesta lavarse los dientes, te animo a que te esfuerces en transformar ese momento desagradable en un rato divertido o interesante. No olvides que a tu hijo lavarse los dientes le produce tensión, y tu misión es rebajar dicha tensión, no aumentarla. De este modo será mucho más probable que la resistencia se atenúe y termine desapareciendo. Tú te sentirás genial al darte cuenta de que lo estás sabiendo guiar sin enfrentamientos.

❋ A mis alumnos les recomiendo que cada día cuenten una historia sobre cada uno de los dientes. Puede ser, por ejemplo, una historia en la que cada diente es un duendecillo: «Este es el duendecillo Miribito, que hoy ha estado todo el día chapoteando en un charco de barro. ¿Tú sabías que a los duendecillos les encanta chapotear en los charcos? Y se ha puesto perdido de barro. ¡Hay que lavarlo muy bien! Y esta es la duendecilla Rumurinda, que ha estado cortando leña y también está sucia y sudorosa y no le gusta nada sentirse así. Vamos a ayudarla».

Lo mejor es que memorices los nombres de cada duendecillo porque, idealmente, cada vez que tu hijo se lave los dientes, tú le contarás una historia nueva de cada uno de ellos. Hoy Rumurinda ha cortado leña, mañana preparará una tarta de chocolate, por la noche pintará las paredes de su seta…

❋ Puedes ofrecer a tu hijo lavarle tú los dientes, sentado en tus piernas, mientras le cantas una canción o le cuentas un cuento. Cuanto más amoroso seas, menos difícil será para él este rato y menos resistencia ofrecerá.

Nosotras vamos a lavarnos los dientes haciendo un tren

«Las niñas y yo vamos a lavarnos los dientes haciendo un tren. Se divierten y ya no rechistan. Lavarse los dientes ha dejado de ser un problema en casa», María.

Es mayor y ha dejado de lavarse los dientes

Nines y Ramón: «Desde que ha cumplido doce años, nuestra hija ha dejado de lavarse los dientes. Antes lo hacía sin problemas, pero ahora es una lucha».

Estas actitudes de los preadolescentes me despiertan una sonrisa, aunque sé que para los padres son enervantes (mi hijo mayor tiene esa edad). Son niños mayores, responsables, que están buscando y conquistando territorios de autonomía, y lavarse los dientes no entra dentro de sus planes. ¡No les da placer y, en cambio, les da pereza! Anticipar el futuro con caries tampoco es motivador porque esta niña vive en el presente. Sencillamente, lavarse los dientes no le reporta ningún beneficio y, además, le da muchísima pereza hacerlo. ¿Recuerdas que también a ti, a esa edad, las cosas que te interesaban te resultaban maravillosas y las que no te interesaban te suponían un gran esfuerzo?

Me gustaría que, una vez más, descartes tus expectativas y aceptes vuestra realidad. Te gustaría que tu hija se lavara los dientes de manera rutinaria, como hacía hace un año, pero tu realidad es que ahora la niña no lo hace. Aceptar la realidad te ayudará a actuar de la manera más eficaz.

Tu prioridad es que la niña se lave los dientes y puedes vivir esta situación de varias maneras: una, enfadándote cada vez que te des cuenta de que no se los ha lavado y echándole una buena reprimenda. Dos, reconociendo que necesita que se lo recuerdes, y haciéndolo todos los días con hastío, gritándoselo desde la cocina, repitiéndolo veinte veces y siendo, en palabras de tu hija, «un pesado». Y tres, puedes aceptar que en este momento de su vida tu hija necesita que la acompañes y la lleves a lavarse los dientes, y decidas hacerlo de la manera más alegre posible.

Piensa que para ella lavarse los dientes es como subir una montaña. ¡Necesita que tú seas el *sherpa*!

⊕ Podéis poner música y bailar mientras os los laváis. Puedes explicarle una buena historia de cuando tú tenías esa edad y contársela mientras ella se lava los dientes.

⊕ Puedes enganchar a tu hija por la cintura y, mientras le haces cosquillas suaves, «empujarla» hacia el baño. Una vez allí, quédate con ella, charlando o peleando en broma, mientras termina de hacer lo que le da tanta pereza.

Que no te preocupe esta actitud: en el futuro se lavará los dientes sin que nadie tenga que acompañarla. ¡Es solo una etapa de su vida!

Lo arrastro de los pies hasta el baño

«La última vez llevé a mi hijo hasta el cuarto de baño arrastrándolo por los pies por todo el pasillo desde el comedor. Y el buen hijo de doce años muerto de la risa porque su madre lo llevaba como si de los Picapiedra se tratara», Lorena.

No quiere ducharse o bañarse

Lola: «Amaya, me resulta muy difícil que mi hijo de doce años se duche, siempre acabo amenazándolo con quitarle la Play. Nunca le apetece. Pero luego se pasa horas en la ducha, no hay manera de que salga. ¿Qué podemos hacer?».

Este es el caso clásico del niño que no se ducha, aunque le guste ducharse. ¿Por qué se resiste, por qué le cuesta tanto? Probablemente porque las transiciones le resultan difíciles y porque su cerebro está buscando satisfacciones inmediatas. La ducha será satisfactoria una vez que esté dentro, pero ahora mismo, fuera, llegar a ella es un esfuerzo: primero, el niño tiene que dejar la actividad que está haciendo y llegar hasta el baño. A continuación, pasará de estar vestido a estar desnudo, de estar seco a estar mojado, de estar en un espacio abierto en el que puede moverse a un espacio reducido en el que apenas se mueve, de estar con gente a estar él solo… Sus percepciones y sus sensaciones son diferentes en la ducha. ¡Son muchos cambios! Y en muchas ocasiones se hacen cuesta arriba o el cerebro se resiste a pasar por todos ellos.

Como siempre cuando una rutina no funciona, te recomiendo que la modifiques. Piensa qué se puede cambiar: tal vez la frecuencia, el momento del día o incluso el lugar donde se ducha. El niño tiene que ducharse, por supuesto, pero ¿es necesario que lo haga a diario? ¿Qué es lo peor que podría ocurrir si se bañara en días alternos? ¿Y dos días a la semana o incluso solo uno? Cuando yo era pequeña me bañaba solo un día a la semana; no solo yo: casi todas las personas de mi generación lo hacían. Esa frecuencia se ha aumentado a medida que nos hemos hecho mayores. Con respecto a la hora a la que se ducha, piensa si se puede cambiar: si ahora lo hacéis a última hora del día, ¿preferiría él hacerlo por las mañanas? ¿O nada más venir del colegio? Incluso puedes cambiar el lugar de la ducha, y que los días que va al gimnasio o a natación se duche allí. Muchas veces la solución está en cambiarlo todo; por ejemplo, a partir de ahora puedes decidir que se va a duchar con menos frecuencia, en otro horario y otro lugar: solo los días que entrena y en el polideportivo, porque allí el niño no tiene ninguna dificultad.

Dependiendo de la edad y del carácter de tu hijo, estas decisiones puedes tomarlas tú o podéis tomarlas juntos. Si tiene más de siete años y las cosas muy claras, puedes implicarlo en la búsqueda de soluciones. Si a él se le ocurren fórmulas que cree que le servirán, lo más probable es que funcionen.

Si tu hijo es mayor, tal vez no sea práctico marcar un horario fijo (todos los martes, jueves y sábados tiene que ducharse al levantarse), sino que puede resultar más eficaz un horario flexible, como, por ejemplo: «Antes del miércoles, del viernes y del domingo a las nueve de la noche tienes que haberte duchado».

Una vez que hayáis encontrado una nueva rutina, incluidla en el calendario familiar, en un lugar visible de la casa como la nevera. Ese será vuestro mapa de duchas.

🌀 Para niños pequeños lo mejor es convertir el rato del baño en un rato de juegos. A veces cambiar la manera en la que hablas del baño puede hacer más sencillo todo el proceso. En lugar de decir: «Es la hora del baño», puedes decir: «¡Vamos a jugar con cacharritos en el agua!». O: «¿Qué te parece si bañas a tu muñeco, que está sucio? Veo que necesita un baño urgentemente»; o, si tienes mampara de cristal: «¿Jugamos a que tú dibujas cosas desde dentro y yo las miro desde fuera?».

🌀 En este caso también puedes recurrir a la música. Si tu hijo se ducha con la música alta, tal vez se anime y le cueste menos.

🌀 ¿Y si conviertes el baño o la ducha en un momento de conexión entre vosotros? ¡Duchaos juntos, a tu hijo pequeño le va a encantar pasar este rato contigo!

Desde que mi hija se ducha conmigo por las mañanas ya no tenemos conflictos

«Desde que hablamos con Amaya, nuestra hija se ducha todas las mañanas conmigo y el conflicto ha desaparecido y tenemos un bonito rato de conexión diario que pone a la niña de buen humor para el resto de la mañana. Yo preferiría ducharme sola, pero ahorrarme el conflicto es más beneficioso porque antes era siempre una guerra horrible», Rosa.

Mi hijo se mete en la ducha con una rasqueta limpiacristales

«Desde que nuestro hijo se mete en la ducha con una rasqueta limpiacristales, disfruta muchísimo. La ducha ya no es una tortura, sino un momento de juego», Ana.

Carrera de animales para llegar a la ducha

«Estoy empleando la disciplina juguetona con mi hijo y me está funcionando. Tiene diez años y le cuesta ducharse, y ayer le propuse hacer una carrera imitando animales hasta llegar al baño y funcionó», Matilde.

No soporta lavarse el pelo

María José: «Mi hija se mete bien en la bañera, por eso no me puedo quejar. Pero, cuando hay que lavarle el pelo, se pone a llorar, a gritar y se niega a que se lo lavemos. Al final tengo que hacerlo a la fuerza y quiero cambiarlo».

De nuevo te pido que te pongas en el lugar de tu hija. ¿Cómo se sentirá una niña pequeña debajo de un chorro de agua? ¿Por qué se pone tan nerviosa? Al caer sobre su cabeza, el chorro le produce sensación de ahogo y su cerebro lo interpreta como un peligro. O tal vez su temor es que el champú se le meta en los ojos. Sea lo que sea que origina su malestar, déjame que insista en algo: tu hija no elige reaccionar así. No se está portando mal. Se siente molesta, tal vez vulnerable, y reacciona.

En esta situación, que le digas que no va a pasar nada, que es solo un momentito y que su hermana pequeña no llora cuando le lavan el pelo no la ayuda. Porque el malestar es en su cuerpo y tú estás dando explicaciones racionales. Su miedo y su sensación de vulnerabilidad son más fuertes que tus palabras.

Al malestar que le produce que le laves el pelo se suma otro: ella sabe que tú te vas a enfadar, y esto hace que la tensión que la niña siente dentro se multiplique. Por eso, lo mejor es que aceptes que a tu hija le resulta difícil lavarse el pelo y lo pongas en palabras sin juicios ni reproches: «Veo que te cuesta mucho que te lave el pelo. Claro, es que no quieres que se te meta jabón en los ojos, ¿verdad? A mí tampoco me gusta».

A continuación podéis pensar de qué manera le resultaría menos difícil que le laves el pelo. Algunos de mis alumnos han optado por humedecer y aclarar el pelo usando un vaso pequeño, para que el niño no sienta un gran volumen de agua caer sobre su cabeza. Es un proceso más largo, pero al final el pelo queda limpio y el niño está más tranquilo. Yo lavaba el pelo a una de mis hijas en la bañera, no en la ducha, y para aclarárselo le pedía que se tumbara boca arriba mientras yo le sujetaba la cabeza con la mano y se la aclaraba con el agua de la propia bañera. De esta manera se sentía muy segura y no se le metía ni agua ni jabón en los ojos. A veces queda algún resto de jabón en el pelo, por lo que yo siempre usaba jabones muy naturales. En esa etapa de nuestra vida, me parecía que un resto de jabón era menos perjudicial que la angustia y el conflicto que surgían al aclarar el pelo con el chorro de la ducha.

Puedes ponerles a tus hijos unas gafas de natación mientras los lavas; no solo les resultará más sencillo el proceso del lavado de cabeza, sino que también se lo pasarán muy bien «buceando» en la bañera.

Me gustaría que tuvieras una alarma interna que te invitara a buscar soluciones en cuanto una situación difícil se repite. Cuando algo no os funcione, tenéis que empezar a hacerlo de otra manera. ¡Puedes pensar en cosas locas y extrañas! No importa si nadie en tu entorno lo hace así: lo que importa es que os funcione a vosotros.

No quiere que le desenredemos el pelo

María: «Nuestro hijo quiere tener el pelo largo, pero lo pasa muy mal cuando se lo cepillamos, le duele al desenredárselo. El momento del cepillado es horrible».

Como siempre, lo primero que tiene que hacer el adulto ante una situación así es comprender que el niño no sé está portando mal. ¡Al niño le duele! Le duele el cuero cabelludo y, además, está obligado a estarse quieto en un cuarto de baño durante un buen rato, sin apenas moverse y sin jugar. Son muchos esfuerzos y muy desagradables, y el cuerpo se rebela.

Una vez que has comprendido que tu hijo no se está portando mal, sino que la situación le resulta difícil de llevar, díselo: «Sé que lo pasas mal cuando te cepillo el pelo. Lo entiendo, es molesto y duele». Cuando hayas nombrado la dificultad del niño, prueba a usar la disciplina juguetona.

Puedes separar el pelo por mechones y empezar por el primero mientras dices: «Me pregunto cuánto protestará este mechón cuando lo desenrede. Del uno al diez, dime cuánto le duele»; luego, comenta la puntuación que dé tu hijo. Cuando dé un diez, puedes responder: «Qué barbaridad, a este sí que le ha dolido». Y, cuando te dé un uno o un cero, contesta: «Qué alegría que me ha dado este mechón». También puede ayudaros que el niño se desenrede primero y tú lo ayudes después. Habrá quitado él los primeros nudos y le ahorrarás un poco de sufrimiento.

La felicidad
de cortarme el pelo con nueve años

Durante años tuve el pelo largo, y recuerdo lo eterno que se me hacía el momento en el que mi madre me peinaba. Largo y doloroso, porque desenredar ¡duele! Cuando cumplí nueve años, mi abuela me sugirió llevarme a la peluquería a cortarme el pelo, y accedí. Le pedí a la peluquera que me lo cortara «a lo chico». Me encantó, recuerdo lo contenta que estaba con mi nueva apariencia. También recuerdo lo cómoda que me sentí y lo fácil que era lavarme el pelo y peinarme cada mañana.

A mis dos hijas les he sugerido varias veces que se lo corten «a lo chico» para evitar los enredos y estar fresquitas y cómodas, pero no quieren. En cambio, sí que han querido tener melenas cortas y alternarlas con periodos en los que dejan que el pelo crezca más. La melena corta ahorra mucho trabajo, pero no obligues a tus hijos a cortarse el pelo o a llevarlo largo si lo prefieren corto. Estas decisiones deberían ser suyas.

Resumen del capítulo

- Convierte las rutinas de higiene en momentos agradables y divertidos.
- Considera la posibilidad de cambiar las rutinas: la frecuencia, el horario...
- Recuerda que tu hijo no hace nada contra ti: le resulta difícil hacerlo y lo expresa.
- Usa el juego siempre que puedas.

4.
Recoger y ordenar la casa

Recoger es, para muchos de mis alumnos, un momento complicado por varias razones: porque los niños no quieren recoger, porque lo hacen mal, porque yo, el adulto, no quiero recoger lo que mi hijo desordena y tampoco quiero pelear con el niño, porque yo necesito una casa siempre ordenada y persigo a mi hijo para que recoja todo el rato, porque espero que mi hijo ordene solo y no lo hace, porque solo recojo yo y me produce frustración... ¡Qué difícil!

Tener un cierto grado de orden es importante, aunque el grado de orden adecuado para tu familia dependerá de todos vosotros: si los adultos sois muy ordenados, tal vez tengáis que ser flexibles, y, si sois desordenados en exceso, tendréis que esforzaros por tener un entorno armonioso en casa. Sabemos que los niños se benefician de un ambiente ordenado, aunque ellos no lo saben. A ellos, generalmente, tener la habitación desordenada o el cuento en el suelo no les molesta, pues viven en el aquí y el ahora y en este momento lo que importa es jugar. Hay excepciones, por supuesto (una de mis hijas es muy ordenada), pero la mayoría de los niños son así.

En las próximas páginas voy a darte herramientas para que cada vez sea más sencillo que tus hijos recojan.

No quiere recoger

Rocío: «Ninguno de mis hijos quiere recoger. Tienen cuatro, once y casi trece años».

En muchas ocasiones los niños están jugando y yo, el adulto, me doy cuenta de que se acerca la hora de cenar, entonces grito desde la cocina: «Niños, a recoger, que es la hora de la cena». Lo digo gritando desde otra habitación, sin conexión con ellos, y de esta manera la comunicación no funciona (ver cuadro de texto «No des instrucciones desde la habitación de al lado» de la pág. 86). Te recomiendo que te acerques donde ellos están y les des las indicaciones de lo que tienen que hacer con contacto visual y físico.

Además, los niños están enfrascados en su actividad: están jugando, leyendo, viendo vídeos, pintando, peleando con su hermano o aburriéndose, y de pronto, sin previo aviso, tienen que dejar esa actividad para hacerte caso a ti.

Imagínate que estás en una fiesta con amigos y uno te está contando una historia muy interesante y divertida. Estás muy atento y lleno de curiosidad, y te lo estás pasando muy bien. De pronto, antes de que tu amigo termine su relato, viene alguien, te retira de la mano tu bebida y te obliga a abandonar la conversación y la fiesta. No has tenido tiempo de anticipar esta separación, ni de despedirte, ni de escuchar el final de la historia.

Creo que muchas veces sacamos a nuestros hijos abruptamente de sus «fiestas». No nos damos cuenta de que ellos viven sus actividades con mucha intensidad, que están completamente centrados y volcados en ellas y necesitan —del mismo modo que los adultos— despedirse de lo que están haciendo.

Para ayudar a los niños que no quieren recoger, solo tienes que adaptar a esta situación algunas de las herramientas que hemos visto hasta ahora: primero, crea tu mapa y establece cuándo quieres que los niños recojan. ¿Antes de la cena? ¿Al volver del colegio? ¿Solo un día a la semana? ¿A diario? ¿Días alternos? Elige el momento en función de lo que sea más sencillo para todos y no de lo que te parezca óptimo o más razonable. Por ejemplo, es posible que para ti lo mejor sea recoger justo antes de que se vayan a la cama porque así queda todo ordenado hasta el día siguiente. Pero tanto tus hijos como tú estáis muy cansados a esa hora, y una pelea antes de ir a dormir no es muy recomendable. En este caso, tal vez prefieras adelantar el momento de la recogida y hacerlo antes de la cena, incluso si eso implica que quedarán algunos juguetes y cuentos sin ordenar porque sabes que los niños jugarán un poco también después de cenar. Añade la hora de recoger a vuestro calendario familiar y colócalo en un lugar visible de la casa.

Cuando llegue la hora de recoger, avísalos unos minutos antes para que puedan terminar lo que están haciendo: acabar de leer la página del libro, terminar la partida del video-juego, rematar la construcción…

Te recomiendo que no pretendas que tus hijos recojan cada cosa después de usarla, sobre todo si tienen menos de ocho años: es una batalla perdida. Tendrías que estar encima de ellos todo el día, de modo que interrumpirías sus actividades (y las tuyas) y generarías mucho malestar. Es agotador para todos. Recoger todo a la misma hora del día es mucho más eficaz y menos desgastador para la familia. Eso sí: tendrás que tolerar que haya cosas fuera de su sitio hasta que llegue la hora de recoger.

Ahora que habéis establecido cuándo recogéis, hacedlo en familia. Tus hijos tienen la capacidad física de recoger solos, pero les da tanta pereza y les apetece tan poco que necesitan que tú los acompañes, así que convierte el rato de recoger en una actividad en familia. Y, si lo hacéis de buen humor, mucho mejor. Sé que para ti es un esfuerzo, pero créeme: vas a gastar mucha menos energía acompañando a tus hijos mientras recogen que peleándote con ellos a diario para que lo hagan.

❋ Cuando te estés poniendo de mal humor porque no están haciendo lo que les has pedido, puedes retransmitir cómo te sientes como si fueras periodista deportivo: «Veo una mesa sin recoger. Veo a tres niños jugando. Siento un enfado que empieza a subir por mi pierna derecha. Ya llega a mi barriga. Necesitamos actuar antes de que el enfado llegue a mi cabeza». Esta herramienta funciona bien con niños a partir de los cinco años.

✹ Podéis recoger como robots: tu hijo es un robot que extiende los brazos y tú le colocas los juguetes encima para que los lleve a su sitio.

✹ Podéis recoger todos juntos con música. Cada vez que la música se pare (la paras tú), quien tenga un juguete en sus manos «paga»: da un beso a cada uno de los que estéis en el cuarto, da unos saltos a la pata coja, imita a una gallina…

✹ Con niños pequeños funciona muy bien llevar los juguetes a dormir. Muchos niños, que aún viven en el estadio de la fantasía, no establecen una línea muy clara entre los seres animados e inanimados. Saben que el coche no tiene vida, pero a la vez pueden imaginar que es un coche que habla y tiene rasgos humanizados. Por eso puedes meterte en su mundo de imaginación y fantasía y decir: «Este coche no quiere pasar la noche tirado en el suelo; vamos a llevarlo a su aparcamiento, donde va a estar mucho mejor».

Un partido de baloncesto para recoger

«Para recoger, hacemos un partido de baloncesto. Yo soy el asistente y ella tiene que encestar y poner los juguetes en su cesto o caja. Ahora ya es ella la que me avisa para recoger», Pamela.

**No des instrucciones
desde la habitación de al lado**

¿Tú también avisas a tus hijos de lo que tienen que hacer desde la habitación de al lado, gritando? ¿Les gritas «Niños, a poner la mesa» mientras ellos están en el salón y tú en la cocina?

Te recomiendo que dejes de hacerlo. A partir de ahora, ve donde están ellos y ten contacto visual cuando les dices lo que tienen que hacer. Míralos a los ojos, asegúrate de que ellos te están mirando a ti y, si es posible, tócales la cara o el brazo. Después de haberles dado las instrucciones, pídeles que te las repitan o pregúntales si se han enterado.

Haz esto unos minutos antes de que tengan que hacer lo que les pides, diez minutos antes, por ejemplo. A los cinco minutos vuelve y, siempre con contacto visual y físico, diles que les quedan cinco minutos para terminar su actividad y hacer lo que les estás pidiendo. Vuelve cuando solo queden dos minutos. Finalmente, a la hora ve y con suavidad tómalos de la mano y llévalos a hacer lo que tienen que hacer. ¡Te aseguro que funciona!

Lo deja todo por ahí

Laura: «Mi hija y yo vivimos solas en una casa pequeña. Voy recogiendo detrás de ella, ya que no hay manera de que ella recoja y yo no soporto el desorden. Además, no deja nada en su sitio: el libro que lee se queda en el sofá; la chaqueta, tirada en la alfombra; el lápiz, en el suelo. Estoy cansada».

Las expectativas son a veces como una jaula: esperas que las cosas sean de una manera determinada y, cuando no son así, se produce en ti un sentimiento de frustración que se transforma en ira que descargas con tu hija, por supuesto, porque en ella está el origen de tu frustración. Es un proceso muy natural y muy humano que, desafortunadamente, no beneficia a nadie: ni a tu hija ni a ti. Porque, aunque logres tener la casa muy recogida, vas a estar de mal humor todo el día para conseguirlo.

Te propongo que cambies tus expectativas: acepta tu realidad con una niña para quien recoger no es prioritario, no es importante, y cuyo cerebro no procesa que tiene que hacerlo. Una vez aceptada y comprendida tu realidad, cambia tus expectativas: espera que la casa esté recogida todos los días a las ocho de la tarde, pero entiende que hasta entonces vas a tener que convivir con juguetes por el suelo. Si tu expectativa es que la casa esté recogida en todo momento, vais a pasarlo mal: tú, porque es un objetivo difícil de conseguir que te va a producir mucha frustración, y el resto de tu familia, porque no los vas a dejar tranquilos.

En cambio, vuestra vida será mucho más fáci y amable y la convivencia va a ser mucho más agradable para todos si tu expectativa es que la casa esté recogida a las ocho de la tarde.

Por otro lado, delimitar un área de juegos puede ayudarte a que el desorden no se extienda por toda la casa. Si decides hacerlo, asegúrate de que esa zona esté en la habitación donde pasáis más tiempo juntas. Será difícil que tu hija vaya a jugar a su dormitorio cuando tú estás en el salón. La niña necesita estar cerca de ti y sentir tu presencia, de modo que el salón suele ser el mejor espacio de juegos de una casa, así como la cocina.

✳ Después de haber recogido con un adulto las áreas más desordenadas, como la zona de juegos o la cocina, podéis ir de habitación en habitación buscando objetos que estén fuera de su sitio. Si tus hijos son pequeños, seréis los «rescatadores de objetos perdidos». Podéis entrar en las habitaciones, una por una, y preguntaros si hay algún objeto que rescatar. Si tus hijos son más mayores, podéis tomároslo con buen humor y llamar a este rato, con un poco de sarcasmo, «el mejor rato del día, ¡rescatar en familia objetos perdidos!».

✳ Cuando te encuentres con un libro u otra cosa en el suelo, puedes decir exageradamente: «Atención a todas las unidades, necesitamos ayuda urgente. Hay un libro en la alfombra y yo me pongo de los neeeeervios cuando me encuentro un libro en la alfombra».

✳ Cuando veas algo en el suelo, puedes acercarte al niño que lo ha dejado ahí y decirle: «O ese objeto se va a su sitio o te doy cincuenta besos». Si tu hijo es mayor, seguro que prefiere recoger antes que recibir los cincuenta besos. O tal vez quiera los besos y, después de ese momento de conexión contigo, le resulte mucho más sencillo recoger.

✳ Si te encuentras con un objeto en el suelo puedes decir: «Vaya, una alfombra nueva. No me gusta nada, queda fatal con las cortinas. Tiene que desaparecer en tres…, dos…, uno…».

No recoge su cuarto

Manuela: «No hay forma de que mi hijo de doce años recoja su cuarto. Todos los días tengo que amenazarlo con no dejarle jugar a videojuegos, es la única manera de que lo haga».

A tu hijo no le interesa recoger y el desorden de su dormitorio no le molesta. Mi primera recomendación es que no esperes que recoja por voluntad propia ni que lo haga con alegría y ligereza. Aunque te cueste creerlo, para tu hijo ordenar es un gran esfuerzo. Además, con doce años este niño está empezando a conquistar el territorio de su independencia, y su cuarto es su feudo. Le gustaría ser él quien estableciera las pautas de lo que ocurre en su dormitorio.

Por otro lado, estás tú, el adulto, que no quieres que el dormitorio esté tan desordenado, que te preocupa que tu hijo sea un vago y que no quieres que aprenda que el desorden y la suciedad son algo normal e inocuo.

Entonces, ¿qué hacemos en estos casos? Mi recomendación es que te sientes con tu hijo y busques una respuesta intermedia. Podéis establecer juntos unos ritmos de recogida que no sean ni lo que tú quieres ni lo que él quiere, pero que más o menos satisfagan a ambos. Por ejemplo, podéis acordar que de lunes a sábado su cuarto puede estar de cualquier manera, pero que el domingo antes de comer los adultos revisaréis la habitación y tiene que estar ordenada.

Es importante que detectes si a tu hijo le resulta demasiado difícil ordenar su habitación él solo. No te sorprendas: aunque tenga la capacidad física de hacerlo, el esfuerzo es tan grande para él, y está tan lejos de sus intereses, que es probable que necesite un empujón para llevarlo a cabo. El empujón eres tú: pregúntale si le resultaría más sencillo recoger si lo hicierais entre los dos o con otro miembro de la familia (si lo hay).

Una vez que hayáis llegado a un acuerdo, escribidlo, firmadlo y colocadlo en un lugar visible de la casa (la puerta del frigorífico, por ejemplo). Tu hijo lo olvidará todas las semanas y se escaqueará todo lo que pueda, pero no te lo tomes a mal: su cerebro lo empuja a realizar solo actividades que le den placer inmediato, y recoger no es una de ellas. Tu función es recordarle que tiene que hacerlo y, si lo necesita, acompañarlo.

De nuevo te invito a que uses la música. Puedes convertir el rato de recoger la habitación en una oportunidad para escuchar la música que le guste y enseñarle música que te guste a ti (¡no te ofendas cuando te diga que es horrible!).

Pocos objetos

Si en tu casa es difícil recoger, probablemente tenéis demasiadas cosas. Tener pocos juguetes y objetos es una elección que os reportará muchos beneficios. Además de la facilidad para recoger, está comprobado que, cuantos menos juguetes tiene un niño, más sencillo es que se concentre y dedique más tiempo a cada actividad. Es decir, si tienes pocos juguetes, y estos estimulan el juego libre, estarás ayudando a tus hijos a fortalecer su capacidad de concentración.

Además, tener pocos juguetes (o, mejor, muy pocos) permite que el espacio de juego de tus hijos sea más armonioso y produzca tranquilidad en lugar de sobreestimulación, lo que favorece que los niños, al no tener que tomar tantas decisiones, se centren en el juego. Finalmente, las decisiones que tengan que tomar serán más fáciles porque los juguetes estarán a la vista, al alcance de su mano y serán juguetes que favorecen el juego libre.

Resumen del capítulo

- Acompaña a tus hijos cuando recojan. Tu presencia es el empuje y el apoyo que necesitan para hacerlo.

- Convierte el momento de recoger en un juego.

- Establece una franja horaria para recoger, y hazlo todos los días a esa hora. No pretendas que la casa esté recogida antes de ese momento.

- Reduce la cantidad de juguetes y objetos con los que juegan los niños.

5.
Peleas entre hermanos

Si tienes más de un hijo, estoy segura de que tus niños tienen conflictos, se pelean y a veces se hacen daño. Quizá sea solo de vez en cuando o tal vez sea a diario. A lo mejor incluso la frecuencia es tan alta que la convivencia os resulta muy difícil porque los niños están agrediéndose y compitiendo todo el día y los adultos ya no sabéis qué hacer para que haya algo de paz en casa.

Voy a empezar con buenas noticias: si acompañas a tus hijos durante la infancia y los guías para que tengan una relación al menos cordial, es muy probable que a partir de la adolescencia la relación mejore y que en la edad adulta los conflictos se hayan reducido muchísimo. Lo más importante es que haya muchos ratos buenos entre ellos, aunque también haya malos. La segunda buena noticia es que los conflictos entre hermanos son un gran entrenamiento para la vida porque es el gimnasio en el que los humanos nos formamos para la edad adulta. Seguro que has visto mil veces a cachorros de mamíferos peleando, y sabes que solo juegan; es su entrenamiento para poder salir a cazar cuando hayan alcanzado la madurez necesaria. También sabes que ese juego es muy importante para estos animales porque de esta manera adquieren destrezas sin las cuales podrían no sobrevivir en el futuro. Lo mismo ocurre con tus hijos: necesitan aprender a defenderse, a negociar, a ceder, a enfrentarse a otros, a cuidar, a respetar, para estar preparados en la edad adulta. Este aprendizaje se produce durante la infancia, con los hermanos (o primos o amigos cercanos).

Ahora bien, una cosa es que el conflicto sea un buen aprendizaje y otra muy distinta es que haya sufrimiento y una convivencia desagradable para todos en casa. Mi intención en estas páginas es ayudarte con estrategias que te servirán para que, aunque los conflictos no desaparezcan, vuestra manera de gestionarlos fomente una buena relación entre los niños y suavice vuestro día a día.

Preferiría no tener hermanos

Ana: «La niña, que iba a cumplir seis años, me dijo: "Quiero que se mueran mis hermanos"; y también: "Es que yo solo quería tener un hermano, no dos"».

Estas emociones tan intensas pueden herir a los padres; hemos decidido tener más de un hijo porque nos parece que las relaciones fraternales son importantísimas ¡y de pronto la niña nos dice que quiere que sus hermanos se mueran! Es posible que lo vivas como un fracaso personal o que pienses que tu hija es mala persona o tiene algunos problemas graves.

Me gustaría tranquilizarte: son emociones muy normales; hay niños que las expresan con más rotundidad y otros de manera más sutil. Algunos usan palabras claras y otros se dedican a molestar y fastidiar furtivamente a los hermanos. No debes preocuparte demasiado; tu hija puede querer a sus hermanos, aunque a veces preferiría que no existieran. Tener sentimientos ambivalentes forma parte de la naturaleza humana.

En algunas etapas de su vida los niños no quieren tener hermanos, ya que les quitan el privilegio de ser únicos. Tanto si son los hermanos mayores como si son los menores o los del medio, tener hermanos significa que tienen competidores que luchan por el amor y la atención de los adultos. «¿Por qué tengo un hermano? ¿Por qué tengo que repartir a mis padres, mi espacio vital y mi vida con esta persona a quien no he elegido? ¿Por qué tengo un igual cuando me gustaría ser único?».

Lo primero que puedes hacer si tu hija manifiesta rechazo hacia sus hermanos es permitir que exprese cómo se siente. Pero que lo haga en privado, porque, si lo hace delante de ellos, puede herirlos. No la juzgues, ya que, si le dices: «Pero ¿cómo dices eso? Tú tienes que querer a tu hermanito», solo vas a conseguir que la niña se sienta todavía peor y que aumente su rechazo hacia el hermano. Porque la niña tiene un malestar grande: le toca convivir con personas con quienes a veces preferiría no convivir. Además, estas personas le molestan, son un estorbo y reciben el mismo trato que ella en la familia. ¡Ella no es especial y única, porque existen los hermanos! A ese malestar se suma el del adulto cuando dice que no está bien que se sienta así. Ella va a seguir sintiéndolo, pero ahora con mucha más tensión emocional, porque se ha sumado tu censura. ¡Las emociones negativas van a crecer, y se van a manifestar contra los hermanos! No censures sus emociones: son suyas, son reales y tus comentarios no las eliminarán.

Cuando te cuente cómo se siente, no intentes convencerla de que tener hermanos es maravilloso. No le expliques todas las cosas buenas que el hermano hace por ella. No describas los estupendos ratos de juego que comparten. ¡No es el momento para esto! Tu objetivo es que la niña exprese cómo se siente en esta fase de su vida con respecto a sus hermanos. Ya le hablarás de todo lo demás en otro momento.

Cuando tu hija te cuente lo mucho que detesta tener hermanos y cuánto le gustaría ser hija única, inventad juntas un mundo en el que se cumple su deseo. Puedes decirle que, si fuese hija única, podría comerse todo el pastel entero, ¡todos los pasteles enteros del mundo! Y ningún niño tocaría ese juguete que tanto le gusta nunca más. Y los adultos solo le prestarían atención a ella, y nunca habría otra persona pidiendo ayuda para hacer los deberes o queriendo sentarse en las piernas de su madre. Exagerad todo lo que podáis y cread un mundo de hija única para ella, y hacedlo siempre que lo necesite. Vivir en la fantasía algo que no puede tener en la realidad la ayudará a procesar lo que le ocurre.

Se enfada cuando atendemos al hermano

Manuel: «A veces, cuando mi mujer está dando el pecho a la bebé, el niño, que tiene tres años, se enfada. Tira un juguete al suelo, pega patadas a su madre, grita… Sabemos que son celos, pero no sabemos qué tenemos que hacer».

Si tu hijo no soporta que tengas un momento a solas con el hermano, lo primero que tienes que hacer es nombrar lo que le ocurre. Para eso, tendrás que elegir las palabras adecuadas a su edad para que lo entienda. Si tienes un hijo de menos de seis o siete años, puedes decir: «Veo que, cuando doy el pecho a la bebé, vienen las hadas de dar patadas y se enfadan conmigo. Yo creo que no les gusta cuando la bebé mama, prefieren que estés tú a mi lado».

Al decir esto, estás nombrando lo que le ocurre al niño. Hasta ahora él solo sentía un impulso agresor que no sabía muy bien de dónde venía, algo lo hacía sentir mal (verte en un momento tan íntimo con el bebé) y, a la vez, su propia reacción lo altera, porque sabe que no debería estar agrediendo. Además, anticipar la regañina o la desaprobación por tu parte lo hace sentir todavía peor. De modo que al malestar inicial por los celos le hemos sumado otros dos malestares. Si nombras lo que le ocurre sin juzgarlo, sin enfadarte, solo poniendo en palabras lo que el niño siente, su malestar se reduce al primero: no le gusta verte con el bebé porque él se siente excluido.

En estos momentos es fundamental que el niño sepa que tú también lo quieres a él, necesita tener la certeza de que es importante y valioso para ti. El niño te necesita, y debes responder a esta necesidad proponiéndole una actividad. Después de haber nombrado sus emociones, puedes decirle: «La bebé tiene hambre. Siéntate a mi lado con este cuento y en cuanto termine de dar de mamar leemos otro cuento tú y yo juntos. Me encanta cuando leemos juntos».

Si tu hijo es mayor de seis o siete años, también tienes que poner en palabras lo que le ocurre: «Veo que han venido los enfados porque estoy con tu hermana. Ella necesita ahora este rato conmigo. Sé que tú también quieres estar conmigo, y lo vamos a hacer dentro de un ratito. ¿Qué te parece si, cuando tu hermana termine de mamar, me ayudas a preparar la cena mientras cantamos alguna de nuestras canciones favoritas?».

Es importante que estas cosas las digas sin enfadarte y sin juzgar. Tus hijos no eligen sentirse desplazados por los hermanos y no eligen reaccionar mal cuando se sienten así. Tu enfado solo va a incrementar su malestar y su tensión y, en consecuencia, sus conductas negativas.

Le he enseñado fotos de cuando era bebé

«Amaya, te hice caso y enseñé al niño fotos de cuando él era bebé. Por suerte, tenemos muchas y algunas en álbumes. Voy a imprimir más porque le ha sentado genial, ya no se siente excluido. Cuando doy de mamar a la hermana, en lugar de enfadarse como antes, me dice: "Mamá, ¿a que yo también mamaba?". Y yo le digo que sí, que lo hacía muy bien y que

me encantaba cuando se quedaba dormido en mis brazos. Él mismo me pide todos los días mirar los álbumes», Amparo.

Un hijo molesta al otro

Carla y Antonio: «Nuestro hijo mayor (trece años) empieza a chinchar al pequeño (diez años) desde que se levanta. Creemos que le divierte. Y, claro, el pequeño se defiende y empieza la pelea. Lo hemos castigado, le hemos explicado que no está bien, nos hemos enfadado con él… Él lo entiende, pero sigue igual».

Los niños experimentan una gran sensación de poder cuando fastidian a otro hermano. Da igual si quien lo hace es mayor o menor: el niño que fastidia y logra desestabilizar al otro se siente fuerte y poderoso. Además, ¡es entretenido! Exige creatividad e inteligencia. Incluso hay familias en las que esta forma de relacionarse entre los hermanos se ha convertido en un hábito y en la manera *natural* de relacionarse entre ellos.

¿Me aburro, no sé qué hacer o estoy desganado? Pues me voy a buscar una buena dosis de estímulos. Un poco de enfrentamiento con mis hermanos es exactamente el estímulo que necesito para salir de mi aburrimiento. Además, ¡no me cuesta ningún esfuerzo!

Como en todos los casos anteriores, lo primero es que nombres lo que le pasa a tu hijo: «Veo que disfrutas moles-

Relájate y educa

tando a tu hermano. Lo entiendo, te sientes muy poderoso». Si lo hace sobre todo cuando se aburre, di: «Veo que, cuando te aburres, fastidias a tu hermano». A continuación tienes que expresar los valores y las normas de vuestra familia: «En esta familia no toleramos estos comportamientos. Cuando veas que te entran las ganas de fastidiar a tu hermano, tendrás que alejarte de él y buscar otra actividad».

Tú puedes ayudarlo a descubrir qué actividad puede contribuir a que se sienta mejor. Puedes decirle a tu hijo que, cuando vea que le entran las ganas de fastidiar a su hermano, puede pedir ayuda a un adulto, o irse a otra habitación si eso le sirve ayuda. También puede ducharse o bañarse, o dibujar, jugar con el balón, ayudaros a cocinar, saltar a la comba, cantar o escuchar música.

Cuando veas que el niño se acerca al hermano para molestarlo, anticípate y frena la situación cuanto antes. No tienes por qué enfadarte, es suficiente con que digas: «Veo que estás buscando a tu hermano para fastidiarlo. Ven conmigo, vamos a ver qué puedes hacer lejos de tu hermano». Si es por aburrimiento, di: «No voy a permitir que fastidies a tu hermano. Podemos pensar juntos en una actividad que te haga sentir bien y te saque de tu aburrimiento. ¿Quieres leer a mi lado mientras yo termino de redactar un informe para el trabajo? Después pondremos la lavadora juntos».

Puedes actuar como si fueras una locutora de radio que retransmite un partido. Mientras te acercas al hermano que empieza a molestar al otro, puedes decir (exagerando el tono de locutora): «Y vemos a María, que se acerca a atacar a su hermana, se acerca cada vez más, ¡está ya junto a ella con ganas de decirle que su dibujo es horrible! Pero aquí viene la madre, que se interpone entre las dos hijas para evitar la agresión. Y… ¡pasamos a la siguiente jugada!».

🏀 Puedes enseñar a tus hijos a buscar actividades que les entretengan. Puedes decir: «Qué cosa más rara, veo a un niño aburridíííísimo que solo tiene una idea: molestar. Deja que me asome a su cabeza —en este momento le agarras la cabeza, se la zarandeas un poco sin que sea molesto, le inspeccionas las orejas, buscas entre su pelo…—. En esta cabeza veo algunas ideas para no aburrirse, pero están un poco escondidas. Mmmm, ¿cómo podemos conseguir que salgan de ahí?». Si tu hijo es pequeño, puedes ponerlo cabeza abajo para que sus ideas «salgan». Si es más mayor, puedes hacer ver que le metes el dedo en la oreja para sacar ideas. Si quieres, puedes seguir inspeccionándolo, esta vez la boca: «Veo que tiene boca… ¡y lengua! ¡Esto es maravilloso, tenemos de todo! ¿Sabrá pedir a su hermano que juegue con él?». Haz esto solo si crees que los dos hermanos van a estar bien jugando juntos. Si no, sigue buscando ideas y, si a tu hijo no se le ocurre ninguna, puedes verlas tú dentro de su cabeza: «¡He visto una, he visto una, yupi! Esta idea que veo escondida entre los pliegues de tu cerebro dice que podrías dibujar un retrato de tu madre con tus pinturas nuevas».

✳ Te propongo que hagas con tu hijo un «libro del aburrimiento». Escoged un cuaderno (podéis decorar la portada si os apetece) y escribid y dibujad en él las actividades que a tu hijo le guste hacer solo o cerca de un adulto. Estas pueden incluir dibujar, ayudarte a cocinar, bañarse o ducharse, saltar a la comba, jugar con un balón, jugar, leer, charlar contigo, escuchar música… Cuando tu hijo esté aburrido, puedes animarlo a que vaya al libro del aburrimiento a buscar ideas. Acordaos de ampliar el libro cada vez que veas que tu hijo se está entreteniendo con una actividad solitaria.

Se pelean todo el día

> Lola: «Nuestra casa es una guerra continua: los niños no paran de pelearse y yo pierdo los nervios porque es un horror desde el momento en que se despiertan. A veces me gustaría irme de casa».

Convivir con tu rival no es sencillo. En una familia, los niños pueden sentir que no tienen espacios para ellos, que no pueden ni respirar sin la presencia cercana de aquella persona con la que menos les apetece convivir.

Cuando los episodios de conflicto y rivalidad se repiten y son muy frecuentes, puedes prohibir a los niños estar juntos: «Os prohíbo que os miréis, os habléis, juguéis juntos o habléis del otro». Te puede parecer muy radical, pero es la manera de otorgarles espacios individuales a cada uno. Ellos no van a saber separarse (se atraen, por eso pelean; ignorarse es demasiado difícil), y por eso lo vas a decidir tú. Puedes establecerlo durante unas horas, durante un día entero o incluso durante dos días. Tendrás que valorar cuántos días necesitan a solas.

Según nuestra experiencia familiar, y también la de otras familias que han puesto esta estrategia en práctica, al cabo de unas horas los niños se buscarán para jugar juntos. Al principio no los dejes; así tendrán todavía más ganas de jugar juntos. Cuando ya lleven un rato buscándose mutuamente, hazte el despistado y déjalos jugar un rato «sin que tú te enteres». Después de unos minutos, vuelve a la prohibición anterior. Tus hijos se buscarán a tus espaldas, se aliarán para saltarse la prohibición de los adultos. ¡Estarán conectados entre ellos!

Al cabo de unas horas, o al día siguiente, puedes preguntarles: «¿Ya estáis preparados para jugar juntos?».

Cuando tus hijos te digan: «Dile a mi hermano que…», puedes hacer lo que te piden, y, si lo haces en primera persona (como si tú fueras el niño), se generan situaciones muy divertidas, sobre todo si exageras cuando repites el mensaje. Con este ejemplo lo vas a entender:

María: Mamá, dile a Pedro que me devuelva el libro.
Tú (hablándole a Pedro): ¡Devuélveme el libro!
Pedro: Pero es que lo tenía yo.
Tú (hablándole a María): ¡Es que lo tenía yo!

María: Pero ¡el libro es mío y él me lo ha quitado!

Tú (hablándole a Pedro): ¡Es que el libro es mío y él me lo ha quitado! (Cuando dices «él» puedes mirar a tu alrededor a ver si hay algún «él»).

Esta conversación puede durar lo que los niños quieran que dure. En mi casa lo hacemos de vez en cuando y terminamos riéndonos todos, ya que la tensión se rebaja y al cabo de un rato estamos preparados para decidir qué pasa con el libro.

Asambleas: implica a tus hijos en la resolución de sus conflictos

A partir de los ocho años los niños son capaces de participar en la búsqueda de soluciones para los conflictos con sus hermanos y para muchas otras dificultades que surjan en el día a día, de modo que una reunión familiar para buscar soluciones puede ayudaros. Elige un momento del día agradable, puede ser en el coche, en el parque o en casa. Podéis estar comiendo algo rico y, si te apetece, puedes colocar unas flores en el centro de la mesa. Es importante que no estéis en medio de una pelea y que no haya tensión entre vosotros. A continuación anuncia lo que te gustaría hacer: «Veo que elegir quién se sienta en el asiento del copiloto en el coche es un conflicto diario. Vamos a decidir entre todos cómo remediarlo».

Como ves, no se está juzgando ni acusando a nadie. Tú solo vas a describir el problema y vais a buscar soluciones juntos. En un papel, apuntad todas las ideas que se os ocurran. ¡Todas! Incluso las imposibles. Si tu hijo mayor te dice: «Que siempre vaya yo en el asiento del copiloto», escríbelo. Si tu hijo menor dice lo mismo, escríbelo también. En este momento del proceso, todas las ideas son válidas.

Lo más importante es que sean ellos quienes aporten soluciones. Tú puedes dar una o dos ideas al principio si es necesario, pero lo mejor es que sean ellos quienes piensen en la mejor manera de resolver el conflicto.

Una vez que hayáis anotado todas las ideas, llega el momento de ir tachando hasta que solo quede una, que será la que llevéis a cabo.

¿Y qué ocurre si no tienen ideas o no se ponen de acuerdo? Entonces seréis los adultos quienes decidáis cómo se va a solucionar la situación, con una norma muy clara que todos comprendáis bien.

Ya no decimos quién tiene razón en las peleas

«Antes siempre les pedíamos que nos contaran qué había ocurrido en una pelea, y escuchábamos las dos versiones. Entonces regañábamos o castigábamos al que se había portado mal (que casi siempre era el mismo). Tú nos enseñaste que esto crea mucho rencor y hemos visto que es verdad, porque el niño al que regañábamos más se quejaba de que siempre lo reñíamos a él. Ahora ya no lo hacemos, sino que les decimos que no queremos escuchar sus versiones y les decimos que tienen que llegar a un acuerdo. A veces también los separamos, según lo que necesiten», Luis y Amparo.

Un hijo ignora al otro

Mar: «Nuestro hijo mayor ignora al pequeño cuando le habla. Le pregunta algo y el mayor no le responde».

Ya hemos visto que verse obligado a convivir con un hermano es, en muchos casos, difícil, y la mejor manera de librarse de alguien con quien no quieres estar es ignorarlo. Para los padres esto es muy duro, porque ignorarse en familia supone romper las reglas más básicas de la convivencia y el respeto. Por otro lado, si esta es tu situación, sabes muy bien que regañar, castigar o sermonear al hermano que ignora no te servirá de nada para lograr tu objetivo, que es que todos en casa os tratéis con respeto. Al contrario, el malestar del niño que necesita un tiempo sin hermano crecerá con cada uno de vuestros comentarios, y él lo va a proyectar contra su hermano, al que ignorará aún más.

En estos casos, mi recomendación es no explicar por enésima vez lo grosero que es no responder cuando alguien te habla (tu hijo ya lo sabe), ni tampoco regañarlo o castigarlo. La estrategia que mejor funciona es la disciplina juguetona.

Cuando uno de los niños ignora a otro cuando le habla, tú puedes responder como si fueras el que no quiere hablar. Por ejemplo, durante la comida tu hijo le pide a su hermana Alejandra que le pase la sal. Alejandra se queda callada, ignora a su hermano y no le alcanza el salero. Tú, muy galantemente, le pasas al niño el salero mientras hablas como si fueras Alejandra: «Por supuesto, hermano, aquí tienes la sal. Soy una niña educada y amable y hago lo posible para que estemos todos a gusto en la mesa».

Discuten por tonterías y se hacen daño

Christina: «Con mucha frecuencia mis hijos discuten por tonterías y no puedo pararlos. Me ignoran, van subiendo el tono, me siguen ignorando, se insultan gravemente, se pegan».

¡Qué duro es para los padres ser testigos del maltrato entre hermanos! Es importante que tengas un radar siempre activado para detectar la situaciones en las que alguien puede sentirse herido física o emocionalmente. Tú conoces mejor que nadie a tus hijos y las dinámicas entre ellos; en cuanto intuyas que la situación puede llegar a ser grave, ¡intervén! No esperes a que ya estén enfrascados en una espiral de agresiones.

Cuando tengas que intervenir, ve donde están tus hijos y coge cualquier objeto alargado que encuentres a mano: un bolígrafo, un plátano, un juguete…, llévatelo a la oreja como si fuera un teléfono y simula que estás llamando a la policía. Puedes decir lo siguiente: «Policía, tenemos un grave problema en casa. Mario le ha quitado el balón a Rosa y Rosa dice que lo tenía ella. ¿Qué podemos hacer?».

Quédate en silencio escuchando la respuesta de la policía. En este momento es probable que tus hijos hayan olvidado su enfrentamiento y tú ya has captado toda su atención. Después de unos segundos, puedes despedirte de la policía y colgar el teléfono. Ahora puedes decirles a tus hijos cuáles son las instrucciones que has recibido: «La señora policía me ha dicho que tengo que perseguiros y haceros cosquillas. A la de una, a la de dos, ¡a la de tres!». Y los persigues.

Con este juego tan sencillo habrás logrado retirar la atención del conflicto. Además, la hostilidad entre ellos se habrá reducido y, con suerte, ahora se aliarán para escapar de ti.

Identifica los conflictos recurrentes

Muchos de mis alumnos me dicen que sus hijos se pelean «siempre». En realidad, esto nunca es cierto: los niños se pelean en algunas situaciones, y es bueno identificarlas para ponerles remedio, de una en una. Estas son algunas de las situaciones de conflicto entre hermanos:

- Me mira mientras dibujo.
- Se sienta en mi silla.
- Me quita mis cosas.
- Estoy aburrido.
- Mi padre le está haciendo caso a ella y no a mí.
- Es la hora de ir a dormir y no quiero (entonces, ataco a mi hermano).
- Me gana cuando jugamos al fútbol.
- Hace trampas.

- No quiere jugar conmigo.
- Los deberes me producen ansiedad, y la libero molestando a mi hermana.
- Entra en mi habitación sin pedir permiso.
- Cuando pasa a mi lado, me da un golpecito.
- ...

Te invito a que identifiques uno de estos conflictos, el que más se repita o el que sea más grave y pesado para todos, y que busques la manera de solucionarlo. Si tus hijos se pelean porque los deberes les crean ansiedad, sepáralos mientras trabajan. Si se pelean porque uno le quita las cosas al otro, delimita los objetos que sí se pueden compartir y los que no y guarda los que no se comparten en una caja especial, colocada en un lugar al que el hermano no puede tener acceso sin permiso.

Compiten entre sí

Magda: «Mis mellizos compiten por todo. Por ver quién termina antes de comer, quién llega antes a la esquina, quién se viste antes, quién es más alto... Y, claro, al final uno termina llorando porque pierde o porque el otro hace trampas. ¿Qué podemos hacer?».

Es muy natural que tus hijos tengan una relación de rivalidad. Primero rivalizan por la atención de los adultos, después por todo lo demás. Algo en su cerebro interpreta que ganar, hacer más, ser más rápido... equivale a ser mejor, y ser mejor equivale a recibir más amor tuyo. Tú sabes que no es así, pero es importante que comprendas cómo se sienten tus hijos: necesitan sentirse mejores que su rival, porque, si son mejores, van a ser más valorados por ti. Así se establecen algunas dinámicas muy competitivas entre tus hijos que se extienden a muchos aspectos de su vida. Cada cosa que hacen la hacen pensando en superar al hermano, no conciben su vida independiente de la del otro, se miden en todo.

Así pues, decirles que no compitan no va a servir de mucho porque la necesidad de ganar es una necesidad emocional: cada vez que compiten están luchando por tu amor. Puedes empezar poniendo en palabras lo que les ocurre: «Veo que te encanta ganar a tu hermana. Para ti es muy importante, ¿verdad? ¿Es lo más importante del mundo? ¿Es más importante que comer helado de postre todos los días de tu vida, después del desayuno, la comida y la cena? ¿Es más importante que los besos de tu madre? ¿Es más importante que…?», pero dilo sin juzgar. En este momento, tu misión es solo que tu hijo comprenda que tiene esta enorme necesidad emocional.

Cuando se repita una situación de competición, puedes decir: «¡Ha vuelto la necesidad de ganar al hermano, otra vez a competir!». De nuevo estás nombrando lo que ocurre, sin juzgar. Más adelante podrás desvincular su necesidad de ganar de tu amor al decir algo similar a esto: «Tú no creerás que yo te voy a querer más si haces antes los deberes, ¿verdad? Yo te quiero siempre, cuando terminas antes y cuando terminas después».

Una vez que los niños comprenden lo que les ocurre gracias a que tú has nombrado las emociones, puedes poner en marcha un paso importante: transformar las actividades competitivas en actividades cooperativas.

✳ Si tus hijos compiten por recoger o poner la mesa, puedes sugerirles hacerlo en cadena: uno coge un plato y se lo pasa al siguiente, y este al último, que lo mete en el lavavajillas.

✳ Si compiten por ser el que se sube a más estructuras en el parque, puedes invitarlos a subir juntos a todas las estructuras haciendo hincapié en que tienen que estar los dos en lo alto de las estructuras a la vez. ¡Es difícil porque a veces no hay demasiado sitio! Así que no les quedará más remedio que ayudarse.

✳ Si compiten al jugar a un juego determinado (un juego de pelota, por ejemplo), inventa nuevas reglas para que este sea cooperativo. Por ejemplo, no se trata de marcarse goles el uno al otro, sino de poner muchos obstáculos ante la portería y meter los goles como si los dos fueran del mismo equipo.

✳ Si compiten por ser la más rápida en alguna actividad diaria como lavarse los dientes, vestirse, preparar la mochila, etcétera, proponles mejorar sus tiempos como equipo: «¡A ver si hoy lográis hacerlo en menos de dos minutos! ¿Qué se os ocurre para ser más eficaces juntas?».

Si tus hijos se pelean mucho y tienen pocos ratos de juego y risas conjuntas, cuando los veas disfrutando juntos, ¡díselo! Pero no lo digas justo en ese momento, ya que eso interrumpiría esa situación excepcional que están viviendo. Díselo más tarde, de manera relajada, casi sin darle importancia. También puedes comentárselo a otro adulto mientras los niños están cerca y pueden oíros.

Al salir del cole, uno de los dos niños competía con el hermano por llegar antes

«Uno de mis dos hijos salía del cole con mucha tensión y quería llegar antes que su hermano al parque. Vivimos en un pueblo, así que íbamos por el campo. Como el hermano era más rápido, el niño que se quedaba atrás (que era el que necesitaba ganar) lo pasaba muy mal y, cuando finalmente alcanzaba al otro, lo insultaba. Era desagradable para todos. Amaya me sugirió que me inventara una manera de que hicieran el recorrido hasta el parque juntos: uno llevaba al otro a caballito. Como el parque estaba un poco lejos, les dije que podían cambiar de posición solo una vez: así los dos harían de jinete y los dos harían de caballo. Cada día yo cronometraba el tiempo que tardaban, y ellos se coordinaron para ser cada vez más rápidos. El conflicto al salir del cole desapareció. Era una gran alegría verlos jugar juntos», Antonio.

Cuando juegan, quieren ganar siempre a sus hermanos

> Ángel: «Mi hija de ocho años y mi hijo de diez disfrutan jugando al fútbol juntos, pero al final terminan siempre enfadados porque uno gana y otro pierde. ¿Cómo podemos ayudarlos a que jueguen y se lo pasen bien sin terminar enfadados?».

Los adultos podéis prohibir juegos en casa, podéis delimitar las normas con las que se juega y podéis dar instrucciones claras para que sepan qué pueden y qué no pueden hacer en el juego. Sé que esto puede resultar difícil porque te estás metiendo en un ámbito que es de los niños, no es tuyo. Piénsalo así: los niños no están preparados para jugar de esa manera en este momento de su vida, y tú, como adulto, vas a darles una alternativa de juego seguro donde ninguno salga herido, ni emocional ni físicamente. Las medidas que impongas ahora no tienen que ser definitivas: durarán lo necesario, hasta que los niños estén preparados para jugar de otro modo. Normalmente serán ellos mismos los que decidirán jugar de manera competitiva de nuevo y, si las cosas van bien, tal vez tú ni te enteres. Si, en cambio, las cosas no van bien, significa que aún no están preparados y tendrás que recordarles la norma.

Cuando los dos niños terminan siempre peleando después de jugar al fútbol, puedes prohibirles jugar a marcar goles. O prohibirles contar los goles. O prohibirles jugar en dos equipos. En estos casos tendrás que ofrecerles alternativas: jugar a pasarse la pelota, jugar sin contar los goles y tal vez que no puedan celebrarlo cuando uno de ellos marque. Incluso, si el juego siempre termina mal, puedes prohibirles jugar juntos al fútbol.

Estas intervenciones solo deben producirse cuando las crisis sean constantes (es decir, que jueguen mucho al fútbol y siempre acaben mal). Si es algo que ocurre esporádicamente, puedes dejarlos que peleen y se frustren, pues forma parte de su aprendizaje.

No hagas de juez cuando tus hijos se pelean

Una de las peores cosas que puedes hacer cuando tus hijos se pelean es intervenir para dar la razón a uno y quitársela al otro. Esta actitud de los adultos (muy humana, muy natural y muy contraproducente) genera rencor en un niño y sensación de privilegio en el otro. En una familia ninguna de estas emociones es positiva ni ayuda a que la convivencia sea armoniosa.

Cuando tus hijos se pelean, lo más adecuado es darles espacio y tiempo para que sean capaces de resolver el conflicto ellos solos. Si la tensión sube y la agresión (verbal o física) es fuerte, entonces tienes que intervenir para frenar el enfrentamiento. A continuación, puedes ayudarlos a expresar la visión de cada uno de lo que ha ocurrido y a buscar soluciones al conflicto.

Tu deseo es que los niños tengan una relación cordial entre ellos, no solo ahora, sino también cuando sean adultos. Para ello tienes que permitir que gestionen su relación. Cuando son muy pequeños o están muy enfadados, esto es muy difícil, pero con tu ayuda y tu mediación aprenderán a hacerlo solos y llegarán a acuerdos con los que se sientan cómodos. Si a ti te parece que otro acuerdo sería mejor, no importa: son sus acuerdos y es su relación, y debes darles espacio para que aprendan a gestionarla.

Resumen del capítulo

- Acepta las emociones de cada hijo y permíteles hablar de ellas sin juzgarlos.

- Déjales imaginar en la fantasía una vida sin hermanos.

- No te conviertas en policía ni juez en sus conflictos, sino en el mediador para que los resuelvan ellos.

- Si es necesario, sepáralos para que no se hagan daño el uno al otro.

- Siempre que puedas, usa la disciplina juguetona cuando intervengas en sus peleas.

- Nunca los animes a competir y transforma sus actividades competitivas en actividades cooperativas.

- Identifica las situaciones en las que se fastidian y ayúdalos a buscar alternativas.

6.
Gestión de enfados, lloros y agresiones

En este capítulo voy a darte herramientas para que sepas cómo actuar cuando tu hija tiene una explosión emocional, bien sea con agresividad, bien con lloros que a ti te resultan excesivos o bien con expresiones de frustración que te desbordan y ante las que no solo no sabes cómo actuar, sino que muchas veces te llevan a ti también a una explosión emocional.

Una parte de ti tendrá que aceptar la frustración y el enfado de la niña, pues son emociones que está sintiendo, y eso no vas a poder cambiarlo. Además, ella tiene que ser libre de sentir lo que sienta. Otra parte de ti deberá generar alternativas a tus propias explosiones en estas situaciones. Aceptar la frustración de nuestros hijos suele costarnos mucho porque lo vivimos como un ataque, y atacamos nosotros también, pero ¡se puede hacer! Y en las siguientes páginas voy a darte pautas para que lo logres.

Se enfada cada vez que le decimos que no

Ainhoa e Ignasi: «No podemos decirle que no a mi hija, ya que se enfada muchísimo y no acepta un no por respuesta. Y, claro, cedemos muchas veces solo por no aguantarla».

A mis alumnos les recomiendo siempre que sean consistentes. ¿Has dicho que sí a algo? Entonces mantén el sí. ¿Has dicho que no? Mantén el no. Esto te convertirá en una persona de fiar, vas a inspirar confianza a tu hija y le vas a dar mucha seguridad: sabrá que cuando dices que sí es sí. Y cuando dices que no es no. ¡Qué realidad tan estable le estás dando, en la que las razones y las normas no cambian sobre la marcha, no son arbitrarias!

Cuando dudes (¿digo que sí o digo que no?), mi recomendación es que te concedas una prórroga para responder, y digas algo como: «Ahora mismo no sé qué responderte. Tengo que pensarlo».

Si tu hija sigue insistiendo, puedes decir: «Como no estoy seguro, si tengo que responder ahora, probablemente diré que no. No me preguntes más porque tus preguntas no me dejan pensar y decidir». Para pensar si le das lo que te pide o no, te puede ayudar plantearte las siguientes cuestiones:

- ¿Es malo?
- ¿Va contra nuestros valores?
- ¿Voy a arrepentirme de habérselo dado?

- ¿Se lo permito para así evitar un conflicto?
- ¿Va a tener consecuencias negativas?
- ¿Va contra nuestros ritmos familiares?

Si la respuesta a estas preguntas es «no», entonces dale lo que te pide o déjale hacerlo. Si la respuesta a una o varias preguntas es «sí», mi recomendación es que, salvo excepciones contadas, no se lo des o se lo permitas, pues no parece que tu permisividad vaya a ayudaros.

Es importante que aprendas a tolerar la frustración de tu hija, incluso cuando esta frustración incluye malos modos. Piensa que la frustración de tu hija es una emoción suya, y la está expresando. Tú le enseñarás a no usar esos malos modos, pero la frustración la mantendrá y tú tienes que aprender a tolerarla.

Desear no es malo, y tu enfado no logrará que tu hija deje de desear lo que quiere. Así que acepta el deseo de tu hija, y acepta su enfado cuando no obtenga lo que anhela. Tú, en cambio, no tienes por qué enfadarte ante su frustración, sino simplemente acompañarla.

Como probablemente ya sepas: es importante que los niños se expongan a los noes, ya que su frustración forma parte de su desarrollo.

Para amortiguar el efecto de tu «no» en la niña, puedes prepararla antes de decírselo, para lo que puedes decirle algo así: «Voy a decirte algo que no te gustará, y a lo mejor vienen unos enfados más grandes que esa casa. A ver, voy a prepararme para los enfados…». En ese momento puedes respirar hondo o protegerte debajo de una mesa o detrás de una silla. Hazlo de manera cómica para que tu hija esté más receptiva a lo que le vas a contar. A continuación dale la mala noticia, probablemente le resulte más sencillo encajarla.

Si te cuesta enfrentarte a la frustración de tu hija, cuando reaccione ante tu «no» puedes protegerte de su descarga emocional para que no te contagie. Para eso necesitas tener empatía hacia la niña y a la vez impedir que su malestar te invada. Porque, si ocurre esto último, te comportarás como ella y también te enfadarás. Lo que quieres es que la niña pueda expresar su frustración sin agredir y no enfadarte tú ante su enfado. Para ello puedes imaginarte dentro de una gran burbuja transparente o vestida con una escafandra. Imagina algo que te aísle de la expresión de su enfado y que, a la vez, te permita acompañarla y empatizar con ella.

Si sabes que tu hija se va a enfadar si no le das lo que quiere, cuando te lo pida dile: «No voy a responderte» y junta tus labios como si estuvieran pegados con pegamento. Tu hija insistirá y puedes decir, con los labios todavía pegados: «No puedo hablar, tengo los labios pegados con pegamento». Esta estrategia funciona bien con niños mayores de ocho años que ya están familiarizados con sus propias explosiones y probablemente comprendan de antemano por qué te niegas a darles una respuesta. Al cabo de un par de minutos puedes decir: «Bueno, te lo diré, pero es que veo ya que los enfados se están acercando…».

✳ Con niños mayores a veces ayuda decir: «Tengo malas noticias, no te gustará lo que tengo que decirte. Va a ser dramático, terrible, horrible. ¿Estás preparado?». A continuación dales el mensaje. Esta pequeña frase los ayuda a prepararse para la negativa.

El duende feo no me deja estar bien

«Hoy he llorado de felicidad cuando mi hijo de cuatro años, que estaba enfadado, me ha dicho: "Mama, ayúdame a decirle al duende feo que se vaya y me deje estar bien". Gracias de corazón», Ana.

Lo que te ocurre ahora es pasajero

Cuando los niños tienen una mala conducta (agreden, ignoran, se desesperan…) pueden llegar a identificar esos rasgos de su comportamiento con rasgos de su carácter. Es muy fácil que interioricen que ellos son así: «Soy agresivo», «Soy maleducado e ignoro», «Soy impaciente», «Pierdo fácilmente el control», «Todo me da pereza», etcétera. Por eso te recomiendo que les hagas ver que ese comportamiento es temporal y que en el futuro pasarán por fases durante las cuales este no se producirá. Puedes decirles: «Últimamente pegas mucho; no te preocupes, no siempre vas a pegar, se te va a pasar». Es importante hacerles ver que ellos no son esa conducta y que esa conducta es pasajera.

Sus enfados duran muchísimo

Lourdes: «Nuestro hijo no se enfada demasiado, pero, cuando lo hace, sus enfados le duran mucho. Puede estar horas sin hablarnos».

Es difícil para los adultos que nuestro hijo no sea capaz de soltarse de un enfado, porque, mientras está con ese estado de ánimo, no puede disfrutar de la vida familiar. Además, su mal humor nos contagia a todos y enturbia el clima en casa.

Si tu hijo tiene esta tendencia, tendrás que aceptar que, en este momento de su vida, las cosas van a ser así. Para ser eficaz, no te marques como objetivo que al niño se le pase el enfado en cinco minutos, sino simplemente reducir la duración del mismo.

Para eso, lo mejor es que comprenda lo que le ocurre. En un ratito de tranquilidad puedes decirle: «Sé que es difícil para ti en este momento de tu vida soltar tus enfados. Veo que se te meten dentro y no quieren salir. Vamos a pensar juntos en maneras de hacer que se vayan». Una de las mejores maneras que conozco (y sirve también para adultos) es con una sencilla visualización. Dile a tu hijo que, cada vez que le ocurra esto, se imagine que su enfado es un personaje (un monstruito, un hada, un héroe...) que está dentro de su cuerpo. Pídele que se siente o se tumbe y empiece a fijarse en su respiración. Cada vez que inspira, su cuerpo se llena de una luz potente. Cada vez que espira, el personaje se hace más pequeño. Las primeras veces probablemente tendrás que acompañarlo, pero pronto será capaz de hacerlo solo.

Coge un muñeco y «enséñale» a relajarse. Dile que respire contando hasta cuatro en la inspiración y hasta cuatro en la espiración. Al cabo de un rato, pásaselo a tu hijo mientras le dices: «¿Puedes ocuparte de Delfi, por favor, que se ha enfadado muchísimo y necesita ayuda para tranquilizarse?».

Se sentó a meditar él solo
«Estábamos en un cumpleaños cuando nuestro hijo se dio cuenta de que se había olvidado el patinete en la parada de autobús y lo había perdido. Estaba muy enfadado, frustrado y triste, así que se alejó del resto de los niños del cumpleaños. Cuando volvió, me contó que se había sentado a meditar y que ahora se sentía mucho mejor», Mateo.

¿Tu hija está desatada? Oblígala a quedarse a tu lado

Estamos habituados a expulsar a los niños del núcleo familiar (o de la clase) cuando pierden el control: los enviamos a su cuarto, al rincón de pensar... En el colegio a nosotros nos enviaban al pasillo. Nunca he entendido esta estrategia; el niño se siente fatal y no se controla, y, al expulsarlo del grupo, se sentirá todavía peor. Entonces, ¿cómo va a calmarse?

En el primer colegio de mis hijos, cuando algún niño estaba descontrolado, lo obligaban a sentarse junto a una de las profesoras (había dos en cada clase) mientras esta hacía alguna tarea manual a la que el niño se incorporaba: cortar fruta, amasar pan, lijar una pieza de madera, ordenar materiales escolares... Implicar al niño en una actividad manual lejos del barullo del resto de la clase y con la presencia serena de un adulto lo ayudaba a calmarse. Cuando el niño estaba mejor, lo dejaban incorporarse de nuevo al grupo.

A muchos de mis alumnos los animo a que adopten este modelo. Si una niña está muy nerviosa y descontrolada, oblígala a sentarse a tu lado hasta que esté preparada para volver con el resto del grupo. Si en este rato podéis hacer algún trabajo, mejor, porque la ayudará a calmarse: doblar ropa, poner la mesa, ordenar los libros de la estantería...

Es probable que proteste, pero no pasa nada: mantén tu firmeza. La niña se calmará y dentro de poco se sentirá mejor.

Dice que no a todo

Toñi: «Mi hija está en una edad difícil, dice que no a todo lo que le pido. Da igual lo que sea: hacer su cama, recoger la mesa, dar las gracias, ducharse. La respuesta siempre es "no". Al final lo hace, pero siempre hay que insistir, es imposible que lo haga a la primera».

Mi primera recomendación es que revises si tenéis un mapa muy claro en casa. ¿Sabe tu hija que tiene que recoger la mesa todos los días o solo se lo pides algunos? ¿Sabe que tiene que hacer su cama? Si no tienes el mapa creado, te animo a que lo hagas, si es posible con ella y los demás miembros de la familia, para que todos sepáis exactamente qué tiene que hacer cada uno y cuándo. Cíñete al mapa todo lo que puedas; aunque tu hija responda con una negativa, no le resultará tan difícil hacer las cosas como si le pides que haga algo de manera improvisada.

También puede ocurrir que sí que tengas el mapa creado, pero no os esté funcionando. En este caso, piensa si puedes cambiar algo. Si tu hija tiene más de ocho años, discútelo con ella. ¿Prefiere ducharse a otra hora del día? ¿Prefiere ducharse en días alternos? Pensad juntas qué tenéis que cambiar para que esa actividad que a tu hija se le hace tan cuesta arriba sea más sencilla para ella.

¿Crees que para tu hija sería más sencillo hacer lo que le pides contigo? Si es así, acompáñala. Tal vez su negativa sea una manera de pedirte ayuda, de pedirte un empujón. Hacer las cosas con ella o acompañarla hasta la habitación donde tiene que iniciar la actividad puede ser el apoyo que necesita.

A veces pedimos las cosas cuando a los adultos nos conviene, sin darnos cuenta de que los niños están tan absortos en otra actividad que interrumpirla es difícil, y es una faena. Avisar a los niños con antelación es una buena estrategia porque los ayuda a despedirse de la actividad que están realizando: cinco minutos antes, dos minutos antes y cuando llega la hora. Si tu hija está leyendo, puedes decirle que ponga la mesa en cuanto termine el capítulo. Si está jugando, en cuanto termine la partida.

Por último, hay un matiz muy interesante en el comentario de esta madre: la niña dice que no quiere hacer lo que le mandan, pero finalmente lo hace. Al fin y al cabo, lo que queremos es que la niña haga las cosas que tiene que hacer. Aunque verbalmente la niña se niegue, sus actos indican lo contrario: ¡olvídate de su lenguaje verbal! Ya sabes que la niña reaccionará así, de modo que simplemente espera a que se ponga en marcha para hacer lo que le has pedido.

Puedes decirle a tu hija: «¡Ni se te ocurra poner la mesa! Puedes hacer cualquier otra cosa, pero, como pongas la mesa, ¡me pongo a bailar la *Macarena*!». También puedes decirlo al revés: «¡Me gusta tanto bailar la *Macarena* que, como no pongas la mesa, voy a bailarla como una loca!».

Nos pega, nos insulta y nos grita

Miguel y Marta: «Nuestro hijo nos insulta y nos pega cuando se enfada. No ha podido aprenderlo en casa: ninguno de nuestros otros dos hijos actúa así y nosotros somos muy tranquilos y nunca insultamos ni pegamos. No sabemos cómo reaccionar cuando actúa de esa manera».

Es duro cuando un hijo te insulta. Muchos de nosotros pensamos que no tenemos autoridad, que no lo estamos haciendo bien, que nuestro hijo es un maleducado, que es un mal hijo…, y actuamos como se actúa ante una agresión: con agresividad. Castigamos, gritamos e incluso pegamos.

La realidad es que, en la mayoría de los casos, la reacción autoritaria del adulto no frena los insultos y para lo único que sirve es para aumentar la tensión entre los miembros de la familia. Ese niño, que estaba tan enfadado que no supo filtrar sus palabras, después de la reacción fuerte de los adultos estará aún más enfadado y le va a resultar más difícil elegir qué términos utiliza.

En primer lugar, como ya he dicho antes, revisa tu lenguaje. No solo las palabras que usas, sino tu tono, tu lenguaje corporal, el volumen de tu voz y tus gestos faciales. Tal vez tú humilles y agredas a tu hijo sin usar insultos, a lo mejor con expresiones similares a estas: «Me tienes harto», «Comes que da asco», «No te aguanto más», «Pero ¡¿cómo se te ocurre hacer eso?! ¿Es que no tienes cerebro?», «Déjame sola, no quiero estar contigo», «Ya no te quiero», «No te aguanto», «Con este niño no hay manera», «Siempre igual, hijo. Siempre igual», «¡Otra vez metiéndose el dedo en la nariz! Si es que…».

Tus gestos de desprecio y humillación son ofensivos. Es cierto que no has insultado, pero estás faltando al respeto al niño cada vez que pronuncias estas expresiones tan duras, y los niños aprenden de nuestro ejemplo. Si tú les faltas al respeto, estás normalizando las faltas de respeto. Es tu responsabilidad tratar a tus hijos siempre con respeto, incluso (y sobre todo) en los momentos más complicados, cuando los niños están alterados y te insultan o agreden.

Tu misión consiste en contener al niño que está en un estallido emocional fuerte, así que no te dé miedo hablar con firmeza y asertividad: estarás creando límites sanos, dando seguridad, conteniendo a un niño desbocado y reforzando los valores familiares. Dile a tu hijo que comprendes su enfado, que entiendes que quiera manifestarlo, que tiene que expresarlo de otra manera y nombra la conducta positiva: «En esta familia no insultamos» o «Me duele cuando me insultas» o «No puedo ayudarte mientras me agredes» o «Entiendo que estés enfadado y quiero que elijas otras palabras para decírmelo».

En los momentos de furia no podrás hablar con tu hijo, ya que está viviendo un tsunami interno y tus palabras no serán recibidas en la parte del cerebro que podría procesarlas. Así que no intentes explicarle entonces por qué no tiene que insultarte: él ya lo sabe. En otro momento, cuando el estallido ya se haya pasado, enseña a tu hijo a identificar sus dificultades (ver cuadro de texto «Enseña a tus hijos a identificar sus dificultades» de la pág. 134) y ayúdalo a superarlas dándole alternativas de conducta.

Es importante que entiendas que el niño no elige actuar de esa manera. Cuando ocurre algo que lo descoloca (como una negativa, un cambio de planes o algo que no responde a sus expectativas), no piensa: «¿Qué puedo hacer ahora para pasarlo yo fatal y hacérselo pasar mal a mis padres? Y que, además, logre que ellos se enfaden conmigo, me griten y terminemos todos enfadados, y yo sintiéndome horrible porque me harán sentir que no soy suficientemente bueno».

Tu hijo nunca elige tener conductas agresivas contra ti. Quiere que su vida sea fácil y, sobre todo, quiere que tú lo hagas sentir valioso, querido y especial. Nunca quiere sentirse como un niño que hace mal las cosas. Sin embargo, ante aquello que lo descoloca, la parte más racional de su cerebro se bloquea y reacciona como un animal amenazado: atacando. En estas situaciones tienes que conseguir que tu hijo deje de sentirse amenazado, por lo que tú no deberías ser un elemento más de tensión, sino un elemento tranquilizador.

Asegúrate de que tu hijo está emocionalmente bien: en el cole, en casa, con los amigos. Normalmente estas reacciones tan hostiles se producen cuando algo no va bien en la vida del niño, así que averigua qué le puede estar ocurriendo y ayúdalo a solucionarlo.

¿Dónde está tu voz bonita?

Uno de los recursos que más he utilizado en mi familia, y que muchos de mis seguidores y alumnos utilizan, es decirle a tu hijo que ha perdido su voz bonita. Mientras él te grita o insulta, tú busca algo por el suelo, en algún cajón... «Estoy buscando tu voz bonita», puedes decir. Si el niño está receptivo, puedes empezar a buscar en sus bolsillos, debajo de su camiseta, hacerle cosquillas... Incluso, si es pequeño, puedes ponerlo boca abajo para que la voz bonita aparezca. Si todo va bien, el niño terminará riéndose.

Al usar este recurso lograrás tres cosas:

1. Rebajarás la tensión que lleva a tu hijo a insultarte, lo que va a facilitar que te cuente lo que le ocurre de otra manera.
2. Estás conectando con él y fortaleciendo el vínculo, lo que provocará que no te perciba como un antagonista y, en consecuencia, no tendrá que tratarte mal.
3. Le estás dejando muy claro que no toleras que te insulte y que no vas a hacerle caso cuando lo haga.

Este recurso sirve con niños de todas las edades. Si tu hijo es mayor, puedes decir: «¿Me lo dices con la voz bonita, por favor? O simplemente: «Voz bonita».

El primer paso para ayudar a este niño es hacerle comprender lo que le ocurre. Si tiene menos de ocho años, puedes hablar de las hadas, los superhéroes, las mariposas invisibles… Puedes decir algo así: «Ya sé que, cuando no hay yogur de postre, vienen las hadas de los enfados. Y hoy no hay yogur, así que vamos a estar en la mesa nosotros y las hadas de los enfados. ¡Ojalá se vayan pronto!».

Si tu hijo es mayor de ocho años, puedes decir simplemente: «Ya sé que, cuando no hay yogur de postre, vienen unos enfados enormes. Y hoy no hay yogur, así que vamos a estar en la mesa nosotros y tus enfados. ¡Ojalá se vayan pronto!».

A medida que el niño crece puedes explicarle cómo funciona su cerebro. A partir de los ocho años puedes contarle que, cuando las cosas no son como él espera, o cuando está cansado, o cuando le pides algo, o cuando le dices que no…, su cerebro se bloquea y explota con agresividad. Comprender lo que a uno le ocurre es necesario para aprender a manejarlo.

También podéis averiguar qué puede ayudarlo cuando detecta que va a perder el control. A mi hija pequeña la ayudaba ducharse, y recuerdo con mucha satisfacción la vez que con cinco años, en medio de una rabieta enorme, empezó a gritar: «Me quiero duchaaaaar». Ella ya sabía que una ducha le devolvería la calma.

A veces para ellos es difícil saber qué necesitan para evitar la explosión, y tú puedes ayudarlos a descubrirlo. Puedes enseñarles, por ejemplo, a pedir ayuda, si les dices: «Cuando veas que el enfado empieza a ocupar tu cuerpo, antes de que lo llene todo, puedes pedirme ayuda. Papá puede ayudarte muy bien».

A estos niños los ayuda mucho tener un mapa muy consistente para saber qué esperar en cada momento del día, cada día. Esto evitará muchas frustraciones y, por tanto, reducirá sus pérdidas de control. El mapa también hace que sus expectativas se cumplan; si el niño sabe que todos los jueves hay yogur (¡y tú te encargas de que realmente haya yogur!) y el martes fruta, su cerebro va a encontrar en la mesa lo que espera. De hecho, unos horarios fijos que incluyan claramente cuándo se usan las pantallas, la hora de acostarse y levantarse, las actividades después del cole e incluso el menú diario lo ayudarán a reducir sus momentos explosivos.

La mala noticia es que tener un mapa claro y explicar a los niños cómo funciona su cerebro no será suficiente: tu hijo continuará teniendo momentos explosivos. ¿Cómo actuar cuando el volcán está en plena erupción? Lo más importante es lo más difícil: mantén la calma. No seas un espejo de tu hijo: que su agresividad no se transforme en tu agresividad. Repetirte esta frase puede ayudarte: «Mi hijo está en un momento de gran dificultad. Elijo ayudarlo con firmeza serena».

Tu hijo necesita contención, y la manera de dársela varía de niño a niño: algunos necesitan que los abraces, otros se calman con palabras, otros necesitan soltar todo lo que tienen dentro, a otros los ayuda irse de la habitación en la que estáis los demás. ¿Qué es lo que ayuda a tu hijo? Tú lo conoces: guíalo para que lo haga.

Si tu hijo se calma con palabras, tendrás que averiguar qué mensaje tienes que enviarle. Tal vez validar lo que le ocurre lo ayude. En ese caso, puedes decir: «Entiendo que estés muy enfadado porque no podemos hacer lo que te apetece. Puedes enfadarte, pero no voy a permitirte que me pegues. Sé que tu cuerpo quiere dar patadas, pero no puedes hacerme daño. Puedes dar patadas al balón».

Dale alternativas para que suelte el malestar que tiene en el cuerpo: puede dar patadas a un balón blando, correr alrededor de vuestra casa, dar puñetazos a un cojín, saltar en un colchón en el suelo, saltar y gritar a la vez. Se trata de que las emociones que tiene contenidas en el cuerpo salgan a través del movimiento y la fuerza sin agredir a nadie.

Tal vez tu hijo necesite un freno, sin validación. A veces una instrucción firme y concisa funciona muy bien: «Tienes que parar de agredirme ahora mismo». O simplemente: «Basta».

Cuando los niños están desbordados, puedes sujetarlos para que no hagan daño a nadie (a ti, a otro niño o a sí mismos). Si tienes que sujeta a tu hijo, hazlo con firmeza, pero sin dureza. Piensa en contener el tsunami sin someter al niño y nunca le hagas daño.

Si es de los que necesitan estar solos, él lo sabe y tiene más de ocho años, puedes animarlo a que se vaya a otra habitación, pero no debe percibirlo como un castigo, sino como un medio para que se sienta mejor. Puedes decirle: «No podemos resolver esto hasta que estés más calmado. Tú sabes que estar en el jardín te calma. Por favor, sal al jardín hasta que estés preparado para estar conmigo sin agredirme».

Me gustaría que nunca echaras a un niño de tu lado, ya que el efecto en él es devastador porque, al enorme malestar que tiene, se va a sumar el de ser expulsado de la familia y, por ende, el de ver vuestro amor negado, lo que es muy duro para ellos. Por eso, si tu hijo y tú sabéis que le viene muy bien estar solo, podéis pactarlo en un momento de calma. Puedes decirle: «Me he dado cuenta de que, cuando pierdes el control, te viene muy bien ir a tu cuarto un rato. La próxima vez que ocurra te animaré a que te vayas para que te recuperes y estés bien, ¿te parece buena idea?». Fíjate en que, si lo haces así, no estarás castigando a tu hijo, sino buscando con él una fórmula que le permita sentirse mejor.

Si, por ejemplo, tu hijo os llama idiotas, puedes cantar esta canción: «Somos la familia de los idiotas, nos gusta el helado y bailar la jota». Se trata de descargar la tensión que todos tenéis en este momento y de quitar valor a la palabra «idiota».

Una crema que huele a verano para ahuyentar la tristeza

«Mi hijo de ocho años ayer tuvo un día dificilillo (como casi cada día), pero yo, siguiendo lo que aprendí con tus vídeos, supe ayudarlo a identificar sus emociones. Por la noche estaba frustrado y se puso triste y a llorar y lo animé a que me pidiese ayuda, le pusimos nombre a la tristeza (nube oscura de tristeza) y le dije que yo a veces también me sentía así. Le traje una cremita de melocotón y le dije que la oliera, que olía a verano y que, aunque no quitaba la tristeza, ayudaba a que se fuera un poco la nube oscura y de lluvia», Susana.

Enseña a tus hijos a identificar sus dificultades

Uno de los mejores entrenamientos en gestión emocional que puedes hacer con tus hijos es enseñarles a identificar los momentos en los que se bloquean, explotan, agreden, etcétera. En la mayoría de los casos, estas situaciones son muy similares en todos los niños (¡y en los adultos también). En general, los niños reaccionan con agresividad ante situaciones como estas:

• Cuando tenían una expectativa y no se cumple: «Me dijiste que comeríamos pasta, yo imaginé macarrones y has cocinado espaguetis», «Me dijiste que íbamos a hacer algo y al final no lo hacemos».

• En los cambios: en el paso del viernes al sábado o del domingo al lunes, los primeros días de vacaciones o, si el niño reparte su vida entre dos casas separadas (como en el caso de los progenitores con custodia compartida), cada vez que el niño cambia de casa.

• En las transiciones del día a día: «Me cuesta entrar en la du-

cha y me cuesta salir de ella», «Me cuesta ir al colegio y me cuesta salir del colegio», «Me cuesta levantarme y me cuesta acostarme».
- Cuando les decimos que no a algo que nos han pedido: «Te he pedido que me compres una chuchería y me has dicho que no», «Te he pedido que me dejes ver la tele un poco más y no me has dejado», «Te he pedido estar más rato en el parque y no lo has permitido».
- Cuando les pedimos que hagan algo que no les apetece: «Me dijiste que me lavara los dientes mientras yo estaba jugando», «Me dijiste que recogiera la mesa, pero no me gusta hacerlo», «Me dijiste que hiciera los deberes y nunca me apetece hacerlos».

Una vez que hayas identificado qué hace enfadar a tu hijo, díselo: «Ya sabes que, cuando cambiamos de planes, tu cerebro se bloquea y reacciona insultando», «He visto que todos los días sales del cole con tus enfados. No pasa nada, hoy iremos a casa tú, tus enfados y yo», «Veo que, cuando te digo que hay que lavarse los dientes, vienen las hadas de los enfados. ¿Qué podemos hacer para que no vengan? Porque los dientes hay que lavárselos. ¿Cómo podemos llamar a las hadas del buen humor?». Adapta el lenguaje a la edad de tus hijos y a sus intereses. Puedes hablar de las hadas de los enfados o de los superhéroes de los enfados. Si tu hija es mayor, puedes simplemente decirle que «vienen los enfados».

A veces este paso es suficiente. Has nombrado lo que pasa y puede ocurrir que, al interiorizarlo, de manera inconsciente tu hija gestione la dificultad en esas situaciones concretas. Otras veces no es así, y es posible buscar con la niña qué la puede ayudar para que esa situación difícil sea más sencilla. Puedes decirle: «Creo que, si vamos al parque a la salida del colegio, se irán los enfados más rápido. ¿Te parece buena idea o se te ocurre alguna otra?», «¿Cómo crees que podemos evitar pelearnos todos los días al recoger la mesa?», «Me gustaría que habláramos de los deberes. He pensado que tal vez te ayude hacerlos en otro momento del día o en otra habitación. ¿Qué se te ocurre que podemos cambiar para que no sea un rato tan difícil para todos?».

Este es un proceso largo que tal vez no te dé resultado de inmediato, pero gracias a él estarás dando a tus hijos las primeras herramientas para conocerse. Además, les estarás enseñando que no son esclavos de sus reacciones: pueden elegir cómo actuar ante una situación que les resulta complicada. Piensa que la mayoría de los adultos no somos capaces de elegir cómo reaccionamos ante las complicaciones, sino que lo hacemos de manera automática, sin ser dueños de nuestra actuación. No esperes que tu hija domine la capacidad de elegir cómo actuar, pero piensa que estarás plantando una semilla que poco a poco irá germinando.

Este proceso que te he dado para los niños también es muy eficaz con los adultos. Si tú no eres dueño de tus reacciones, ponlo en práctica. Te ayudará.

✴ Siempre que puedas, desmonta la agresividad de tu hijo a través del juego. Yo practiqué taekwondo muchos años. Cuando uno de mis hijos se pone agresivo, me pongo en posición de combate y doy un par de instrucciones en coreano. Me miran, se ríen y dicen: «¡Qué rara eres!». Y la agresividad se les pasa.

✴ Si tu hijo te dice algo feo, puedes responder así: «¡Ay, qué daño! Me has quitado por lo menos dos vidas en este ataque. Dímelo de nuevo de otra manera, antes de que pierda la última vida y ya no pueda escucharte».

✳ Si tu hijo te agrede, puedes esconderte como si tuvieras miedo, exagerando mucho. Puedes decir: «¡Socorro, que me atacan!», y escaparte en la otra dirección. A veces esto deriva en una persecución tipo pillapilla que os puede ayudar a rebajar la tensión.

✳ Con niños pequeños que insultan puedes reducir el valor que dan al insulto diciendo algo como esto: «Puedes llamarme idiota todas las veces que quieras. Pero, como digas "*trucupucu*", te voy a perseguir para comerte a besos (o me pongo a bailar, o me quedo quieto como una estatua…)».

Tu objetivo en este momento es que el cerebro de tu hija se desbloquee para que vuelva a pensar con claridad, y el juego puede ayudarte a lograrlo.

Los niños que agreden con frecuencia necesitan saber que son queridos, de modo que tienes que hacérselo sentir todos los días, sobre todo aquellos en los que las cosas han ido peor. Los niños son conscientes del daño que hacen y esto los hace sentirse mal y poco válidos, así que solo una mirada valoradora de los adultos les permite construir su seguridad interna y sentir que tienen cosas buenas que aportar al mundo. Si tu hija es así, prioriza el fortalecer el vínculo con ella todos los días: que sienta, escuche y vea tu amor a diario, y cuanto más, mejor.

Resumen del capítulo

- Ten paciencia. Tu hijo probablemente tenga inmadurez emocional.

- Dale muchísimo cariño, sobre todo en los momentos difíciles.

- Nombra lo que le ocurre. Identificad las mayores dificultades y buscad soluciones juntos.

- Establece unas pautas muy claras en vuestra vida familiar para reducir los momentos de frustración y confrontación.

- No te comportes como se comporta tu hijo durante los momentos difíciles.

- Siempre que puedas, usa la disciplina juguetona.

7.

Uso de las pantallas en casa

El uso de las pantallas es una de las grandes batallas diarias en muchas familias, pues, cada vez que un niño tiene que apagar una pantalla, empieza una batalla. En muchos casos les pedimos que apaguen desde la distancia, y esta fórmula generalmente no funciona (ver cuadro de texto «No des instrucciones desde la habitación de al lado» de la pág. 86) porque al final terminamos todos gritando y de mal humor.

A continuación voy a darte pautas para que puedas regular el uso de los aparatos tecnológicos en casa y así evitar tantos enfrentamientos.

Solo quiere ver la tele o jugar a videojuegos

Elena: «Mis dos hijos ya solo quieren estar con la Play o ver la tele. Si no, dicen que se aburren. No hay nada más que les interese».

Lo primero que tenemos que hacer es comprender que los aparatos tecnológicos son adictivos, no solo para los niños, sino, como sabes, también para los adultos. A mí me cuesta dejar de mirar el móvil o apagar la tele incluso cuando el contenido que estoy viendo no me interesa. Si para los adultos es difícil apagar una pantalla, ¿cómo no va a serlo para el cerebro tierno e inmaduro de un menor? Una vez que hayas comprendido esto, sabrás que tu hija lo que necesita es tu ayuda y liderazgo para gestionar el uso de las pantallas. Eres tú, el adulto en la familia, quien tendrá que determinar cuánta tecnología consumen tus hijos y cómo la consumen.

Es importante que sepas qué es para ti adecuado. ¿Te parece bien que tu hija de doce años tenga un teléfono o prefieres que no lo tenga? ¿Estás cómodo si tus hijos ven la tele solo un día a la semana o te parece bien que la vean todos los días durante una hora? ¿Los videojuegos se pueden jugar de lunes a domingo o solos los fines de semana?

Es clave que pienses bien dos cosas: qué es adecuado para ellos según su edad y carácter y qué es lo que tú consideras adecuado según vuestros valores familiares (y no según los valores de tus padres, hermanos, vecinos o los de otras familias del colegio).

Muchos expertos coincidimos en que la barra libre en materia de tecnología no es buena. Sabemos que es muy adictiva y que el cerebro de los niños se desarrolla en las interacciones con el mundo real: con personas reales, en situaciones reales, con objetos reales y en conversaciones reales. Así pues, me gustaría que tú tampoco ofrecieras barra libre a tus hijos; aunque tienen la capacidad física de manejar un aparato electrónico, no tienen la capacidad emocional ni psicológica ni tampoco la inteligencia para manejar el contenido que van a encontrar: publicidad que no sabrán interpretar, modelos de vida que no son los vuestros, pornografía, violencia, lenguaje soez, sobreestimulación…

Las familias en las que los niños deciden cuántas horas al día usan los aparatos electrónicos vienen a mí quejándose de graves problemas de convivencia, pues los niños solo quieren estar enchufados a los aparatos, no se pueden hacer planes en familia y no quieren participar en ninguna tarea o actividad «real». Cuando los padres deciden poner límites les resulta difícil porque tienen la sensación de que los niños han perdido el interés en lo real y se aburren siempre, excepto cuando están frente a una pantalla. Muchas veces los niños pierden el interés por el estudio y su mundo se limita cada vez más a jugar a videojuegos o a ver vídeos. Las peleas en estas familias son constantes y los padres sienten una gran frustración, impotencia y culpa.

Esto se soluciona generando un mapa consistente, adaptado a las edades de tus hijos, que refleje vuestros valores. Los adultos educamos a nuestros hijos, y en esa educación hay que incluir la manera de usar los aparatos electrónicos.

Para elaborar este mapa tienes que ser capaz de responder estas preguntas:

- ¿Cuánto tiempo a la semana quiero que mis hijos pasen usando los aparatos?
- ¿Qué tipo de contenido me parece adecuado para ellos?
- ¿En qué aparato van a ver ese contenido?
- ¿Qué días de la semana van a poder consumirlo?

- ¿En qué horario?
- ¿En qué habitación de la casa?
- ¿Les permitiré llevarse el aparato fuera de casa?

Una vez que tengas estas respuestas, tendrás que comunicarles a tus hijos que habéis decidido que a partir de ahora la tele se verá todos los días media hora a la vuelta del colegio, por ejemplo. Sé muy claro cuando definas estas nuevas pautas; te recomiendo que las escribas o dibujes en un calendario para que todos en la familia sepáis cuáles son las normas ahora y que coloques el papel con las pautas en la nevera, así todos las tendréis presentes.

Un botón para apagar el disco rayado

«Con el mayor el otro día me quedé impresionada. Viernes tarde, de vuelta a casa empezó a decir que quería jugar a un videojuego, aunque sabe que solo puede sábado y domingo. Así que ya sabía la respuesta, pero igualmente empezó a insistir. Hice ver que era un disco rayado e intenté apagarlo tocando su nariz. No se apagó, y la emisora que se sintonizó era de insultos, así que probé a cambiar de nuevo la emisora tocándole la oreja, pero tampoco funcionó, pues empezó a pegar. Entonces volví a cambiar de emisora tocándole el culo y volvió a ser un disco rayado. Estuvimos así un rato y al final le dije que me quedaba con el disco rayado. Había pasado de un enfado creciente a reírse y, mientras se reía, me dijo que era tonta. Por dentro pensé: "Sí, seré tonta, pero has dejado de pedir la tableta". Me alegró», Judith.

Lo castigamos sin ver los dibujos

Lola: «Entonces, ¿no te parece bien que la castigue sin ver dibujos? Es lo único que entiende».

Los padres tenemos que ser fiables y dar seguridad a nuestros hijos, y esto incluye también el uso de las pantallas. Si en tu familia hay una norma que se refiere al uso de las pantallas, respétala. Si habéis establecido unos horarios claros, respétalos. No los uses como moneda de cambio, no chantajees a tus hijos con ellos.

Te aconsejo que elimines la arbitrariedad en el uso de las pantallas en casa (te interesa leer el cuadro de texto «La arbitrariedad te resta autoridad, genera desconfianza y favorece que surjan conflictos» de la pág. 144). Si has decidido que la tele se ve solo los domingos porque es lo adecuado para la edad de los niños y es lo que se corresponde con los valores de tu familia, no juegues con esa norma. Que sea estable y sólida, de modo que todos los domingos los niños puedan ver la tele.

Así pues, elimina frases y situaciones como estas: «Si te vistes rápido, te dará tiempo a ver la tele un ratito», «Si te portas bien, te pongo los dibujos», «O haces ahora mismo los deberes o te quedas sin la Play toda la semana».

Establece pautas consistentes con las que los adultos os sintáis cómodos y que sean buenas y sanas para vuestros hijos. En el momento en que estas no funcionen, podréis cambiarlas y comunicar las nuevas pautas a los niños y, a medida que ellos crezcan, podréis definir las nuevas pautas junto a ellos.

La arbitrariedad te resta autoridad, genera desconfianza y favorece que surjan conflictos

Para que las cosas vayan bien en casa es importantísimo que todos sepáis cuáles son las normas, los límites, los horarios, los ritmos y los valores en vuestra familia. Imagínate que hoy dejas que tus hijos vean la tele durante dos horas porque tú estás muy liado preparando cenas y recogiendo un poco la casa, así que te viene genial tener a los niños «enchufados» esas dos horas. A la vez te sientes culpable porque, de acuerdo con la edad de tus hijos y tus valores, dos horas te parecen mucho. Al día siguiente, como la casa está limpia y puedes dedicarles tiempo, cuando te piden ver la tele de nuevo les dices que no, que ya la vieron ayer y, además, demasiado rato. Como se enfadan o se ponen tristes, accedes a dejársela ver media hora. Un día después, de nuevo estás liado, pero no tanto como el primer día, y se la pones durante una hora. Al siguiente día decides que esa semana ya han visto mucho la tele y no les permites verla en absoluto; además, estás malhumorado e intransigente, de modo que tu «no» es muy tajante.

Cuando haces esto, estás siendo arbitrario. Estás funcionando sin una norma, sin un mapa establecido. Una vida así es muy desgastadora para todos: para ti, porque cada día tienes que decidir qué haces, y para los niños, porque les pone en la situación de negociar condiciones a diario.

La arbitrariedad también se produce cuando hay una norma en casa (todos los domingos se puede jugar a videojuegos) y somos los adultos quienes nos saltamos esa norma por factores ajenos al hecho en sí de jugar a videojuegos. Por ejemplo, tu hija te responde mal el martes, o no hace los deberes, o pega a su hermana, y tú la castigas sin los videojuegos del domingo. En estas situaciones somos los adultos quienes no estamos respetando la norma y actuamos de manera arbitraria. Como consecuencia, nuestra credibilidad y nuestra fiabilidad sufren; ¿por qué se iban a fiar nuestros hijos de alguien que les dice que algo es de una manera y lo cambia a su voluntad? Te recomiendo que establezcas normas y estructuras con las que os sintáis cómodos, y que las respetéis siempre que podáis.

Hace deberes con el móvil al lado

Juan: «Tú dices que no seamos arbitrarios y que mantengamos las normas, y esto nos ha ayudado mucho hasta ahora. Pero últimamente nuestra hija mayor no hace los deberes porque tiene el móvil al lado y se distrae. Antes la dejábamos estudiar con el móvil porque buscaba cosas *online* o preguntaba algo a sus compañeros. Ahora que se distrae tanto, si no queremos amenazarla con quitarle el móvil, ¿qué podemos hacer?».

Las estructuras que creéis en casa tienen que ser estructuras que os ayuden, que jueguen a vuestro favor y que funcionen, y no son inamovibles. A lo largo de nuestra vida experimentamos muchos cambios, los niños también, y lo mismo ocurre con las relaciones familiares. A medida que las necesidades de cada uno de nosotros y las del grupo varíen, tendremos que variar también nuestras estructuras. De hecho, estamos siempre variando nuestras estructuras: variamos los horarios, la forma en la que duermen los niños cuando dejan de ser bebés, la alimentación, las actividades familiares… No tengas miedo a cambiar también la estructura con respecto a las pantallas. Hace un tiempo tu hija trabajaba bien con el móvil delante y ahora no. En lugar de amenazarla cada día y generar un clima de tensión constante entre vosotros, estableced un nuevo acuerdo sobre el uso del teléfono: a partir de ahora la niña no podrá usarlo mientras hace deberes porque es una fuente de distracción.

Los adultos somos los líderes de la familia y estas decisiones tenemos que tomarlas nosotros. No son decisiones sencillas porque sabemos que los niños van a presentar una fuerte resistencia, y no queremos pelear esa batalla. No actúes desde el miedo: actúa desde la inteligencia y la convicción de que lo que estás haciendo es lo mejor para satisfacer las necesidades reales de tu hija. Acepta el conflicto y afróntalo con asertividad y sin agresividad, sabiendo que le vas a dar lo que realmente es importante para su desarrollo.

Cuando algo os impida estar bien, eliminadlo o reducidlo todo lo que podáis

Bastantes familias recurren a mí cuando se dan cuenta de que el conflicto por las pantallas es diario y cada vez más fuerte. En función de la tecnología que cause el conflicto, les planteo una pregunta muy sencilla: «¿Creéis que vuestra vida familiar sería más fácil si vuestros hijos no vieran la tele entre semana?»,

> «¿Creéis que estaríais todos mejor si vuestro hijo no jugara al *Fortnite*, pero sí a otros juegos?», «¿Creéis que tendríais menos conflictos si los niños no tuvieran acceso a vuestros móviles?». La respuesta siempre es la misma: sí, la vida de toda la familia mejoraría.
>
> Si este es también tu caso, te invito una vez más a que actúes con valentía y tomes las decisiones que favorecerán la convivencia. Si un aparato electrónico es fuente de conflicto constante, elimina o reduce su uso todo lo que puedas.

Apagar las pantallas es siempre una pelea

Isabel: «En mi casa es imposible que las niñas apaguen las pantallas sin pelear. Todos los días nos enfadamos por esto».

En mi experiencia con cientos de familias, la mayor parte de las veces el conflicto surge porque los niños no tienen muy claro cuánto tiempo pueden pasar frente a una pantalla. Creen que el tiempo es ilimitado porque los adultos no han transmitido con claridad cuáles son los parámetros.

Ahora ya sabes que tanto los adultos como los niños debéis tener esos parámetros muy claros, y que estos tienen que estar escritos o dibujados en un calendario expuesto en un lugar visible de la casa.

El siguiente paso es ayudar a tus hijas a desengancharse de algo tan adictivo y absorbente como es un videojuego, vídeos en TikTok o una película. Si no apagan el dispositivo, no es solo porque no quieren, también es porque su cerebro es incapaz de salir de ahí. Es como si el cerebro de tus hijas estuviera secuestrado y no fuera capaz de liberarse a sí mismo.

Pero ¿cómo las vas a ayudar? Lo primero que vas a hacer es darles un aviso diez minutos antes de que acabe su tiempo de pantallas, y lo darás desde el contacto, nunca desde la distancia (ver cuadro de texto «No des instrucciones desde la habitación de al lado» de la pág. 86). Acércate a las niñas, establece contacto visual con ellas y diles que les quedan diez minutos para terminar lo que están haciendo. El concepto «terminar» es clave: no pueden empezar una nueva partida, no pueden empezar a ver un vídeo o un capítulo nuevo porque no les va a dar tiempo a terminarlo. Asegúrate de que su cerebro ha recibido el mensaje, pregúntales: «¿Cuánto tiempo os queda?», y espera su respuesta. Diles que volverás en cinco minutos.

A los cinco minutos repite la operación, y a los tres minutos también. Cuando sea la hora, ve donde están ellas y apaga tú misma los aparatos. En la mayoría de las familias con las que trabajo, este sistema funciona muy bien porque estás ayudando a que el cerebro de tus hijas se prepare para la desconexión de manera gradual.

A veces, incluso cuando todos en la familia tenéis muy claras las pautas para el uso de las tecnologías y los adultos dais avisos con conexión, los niños están tan enganchados que les cuesta mucho apagar. Ese es el momento en el que nosotros nos enfadamos y gritamos. Para cambiarlo, te propongo que a partir de ahora cantes una canción: *La canción del padre desesperado*. Puedes inventarte tú mismo la letra, esta es una sugerencia que puede inspirarte:

Estoy desesperadoooo.
Lo he dicho ya tres veceeees,
el aparato sigue encendidooooo
y ya no sé qué haceeeeeeerrrrr.
¿Qué hago para que apagues?
¿Qué hago para que me hagas caso?
¡Este padre desesperado
quiere el ordenador ya apagado!
¡Apaga ya, apaga ya o me voy a desesperaaaaar!

Si tu hijo se resiste a apagar un aparato electrónico, puedes sentarte muy seria a su lado y decirle: «Tengo un problema y no sé si llamar a los bomberos o a la policía. Escúchame, a lo mejor me ayudas a decidir qué es mejor». Normalmente, tu hijo seguirá mirando la pantalla, pero es muy probable que hayas captado su atención. Continúa: «Verás, tengo un hijo estupendo al que le he dicho que tiene que apagar la pantalla. Pero ¡está atrapado! ¡Es una pantalla atrapaniños! Hay que llamar a los bomberos, a la ambulancia, a la policía. ¡A todos! ¡Hay que rescatar a este niño! ¿Qué crees que debo hacer?».

Mis hijos de tres años ya no usan pantallas

«Amaya, cuando empecé a escucharte y a ver tus clases decidí que mis niños, mellizos de tres años, no verían más la tele ni usarían el móvil. ¡Llevan ya casi un año sin pantallas! Los veo felices, jugando, inventando cosas… Estoy muy contenta», Carolina.

Ya no vemos la tele después de cenar

«Llevamos una temporada sin ver la tele después de cenar. Ahora jugamos con las pistolas Nerf, escondiéndonos detrás del sofá o a las cartas… Tenemos un rato estupendo de conexión los tres juntos», Charo.

Cuando el móvil roba tiempo de conexión a la pareja

La mayor amenaza a mi vida en pareja ha sido la aparición del teléfono inteligente. Cuando a mi marido le dieron en su trabajo su primer iPhone, empecé a percibir que nuestros momentos de conexión se reducían drásticamente. De pronto, en mi propia casa había un elemento que alejaba a mi pareja de mí.

Eso ocurrió hace años. Ahora tanto mi marido como yo tenemos teléfonos inteligentes y hemos llegado a acuerdos para que no se interpongan en nuestra relación. Por las noches, cuando estamos en la cama juntos y los niños ya se han acostado, tenemos un rato sin móviles y sin libros, charlando. Es imperativo. Lo hacemos cuando estamos cansados, cuando queremos seguir leyendo, cuando mi marido quiere seguir mirando el móvil (mi teléfono no entra en mi dormitorio)… Independientemente de nuestro estado de ánimo, hemos decidido preservar uno de los momentos de conexión más importantes del día.

Durante el día, cuando uno de nosotros está mirando el teléfono y el otro necesita atención o simplemente tiene ganas de charlar, el que quiere compañía dice sencillamente: «Ahora estoy yo aquí, ¿puedes dejar el móvil?», y esa frase basta para que el teléfono se deje a un lado.

Hemos tenido que desarrollar recursos que nos han permitido cohabitar con nuestros móviles sin que estos secuestraran nuestra relación.

Resumen del capítulo

- Establece las normas de uso de pantallas en casa según tu propio criterio, no el de los niños.

- Comparte las normas con todos los miembros de la casa y sed muy consistentes.

- No seas arbitrario ni uses las pantallas como premio o castigo.

- Para apagar, no les des instrucciones desde otro cuarto y dales avisos con antelación para que se despidan de lo que están viendo o haciendo.

8.
Deberes, estudio
y acompañamiento escolar

Los deberes constituyen uno de los principales motivos de conflicto en las familias. Estemos o no de acuerdo con la necesidad de hacer deberes, la realidad es que la mayoría de los profesores los imponen, así que los padres podemos aprender a minimizar las dificultades a la hora de hacerlos.

Se distrae cuando tiene que hacer deberes

Pilar y Quique: «Tenemos tres hijos. Dos de ellos hacen los deberes bien; tenemos que ayudarlos un poco, pero son bastante autónomos. Uno de ellos, en cambio, se sienta a hacerlos y se distrae, se pone a jugar o a dibujar y solo cuando ya es muy tarde y ve que no le va a dar tiempo los hace en media hora. Estamos dos horas peleando para algo que después hace en solo treinta minutos. ¡Ayúdanos, por favor!».

La mayoría de los niños, si no tienen una dificultad de aprendizaje, son capaces de hacer los deberes en el tiempo que el profesor o el colegio considere adecuado. Si no sabes cuánto tiempo debería pasar tu hijo al día haciendo deberes, pregunta al maestro para que te dé una pauta.

Sin embargo, este proceso se convierte en muchos hogares en la única actividad de la tarde desde el momento en que llegamos a casa hasta que cenamos. Y en esta actividad nos implicamos todos: los adultos y el niño que se distrae, y se convierte en el núcleo alrededor del cual gravita nuestra vida de lunes a viernes (¡y en algunos casos los fines de semana!). Un proceso que nos agota, nos separa y nos deja a todos malhumorados y desconectados.

Si el niño es capaz de hacer los deberes en treinta minutos, y este tiempo es el considerado adecuado por el maestro, entonces tú deberías decirle a tu hijo que solo tiene media hora para hacerlos. Decide cuál es el mejor momento para que los haga: ¿justo antes de la cena? ¿Nada más llegar del colegio? ¿Después de jugar un rato en el parque?

Estipula que la «hora de los deberes» sea siempre en el mismo momento del día y en el mismo lugar. Si es media hora (y sabes que él es capaz de terminar la tarea en ese tiempo), dile que solo dispone de treinta minutos. Cuando se pase este tiempo, recoge la tarea; ya no se hacen más deberes. Los primeros días protestará y tal vez vaya al colegio con los deberes sin terminar, pero al cabo de unos días habrá comprendido que los deberes no pueden ocupar todo vuestro tiempo libre. Si no quiere llevarse la regañina del maestro, aprenderá a trabajar en el horario que habéis establecido. La mayoría de las familias con las que trabajo que han aplicado este sistema han logrado que los deberes no ocupen toda su tarde.

Si te preocupa lo que el maestro pueda pensar, puedes hablar con él y explicarle que estáis en un proceso de adaptación y que durante unos días es posible que la niña no lleve los deberes terminados a clase.

Mar: «Tanto mi hijo como yo lo pasamos muy mal cuando tengo que preguntarle la lección o estudiar con él. No le gusta estudiar, se aburre. Es muy listo y con un poco de esfuerzo aprende rápido, pero es difícil lograr que se esfuerce».

Estudiar sin motivación es duro. Muchos de nosotros lo hemos hecho y recordamos las horas difíciles invertidas en estudiar cosas que no nos interesaban nada. Los niños de ahora se encuentran con una dificultad más: viven sobreestimulados. Con el consumo de contenido digital, sus cerebros están habituados a un grado de estimulación y enganche que no es fácil de emular por parte de los profesores. Por eso es tan difícil que se sienten a estudiar.

Además, en muchos casos el estudio se produce en un ambiente tenso (los padres ya no podemos más con la situación y nos enfadamos) y estático (el niño tiene que permanecer sentado cuando su cuerpo le pide a gritos moverse).

El estudio se puede transformar en un juego. Así, por ejemplo, las tablas de multiplicar se pueden recitar mientras se salta a la comba o mientras se hacen pequeñas coreografías de pies y manos (más información en el cuadro de texto «Aprender en movimiento» de la pág. 158). También puedes preguntarle a tu hija la lección mientras os lanzáis una pelota: tú se la lanzas cuando le preguntas y ella te la lanza a ti mientras responde. Si lo que le gusta es el baloncesto, podéis acordar que quien acierte una pregunta puede tirar una pelota a una canasta (puede ser una pelota blanda lanzada a una papelera); tú le haces preguntas a ella y ella te las hace a ti.

Autonomía para hacer los deberes
«¡Hemos mejorado mucho en los deberes! Ya no estoy encima de ella para que los haga. Le digo el tiempo que tiene y que ella debe saber cuáles son sus tareas. Si tiene dudas, me pregunta. Si no, la dejo sola. ¡Me cuesta muchísimo no estar encima de ella! Pero hemos reducido el conflicto casi a cero», Jesús.

No se esfuerza porque no le interesa

José: «A mi hija no le interesa nada del colegio. Es muy lista y, si se esforzara, sacaría muchas mejores notas. A nosotros no nos importan las notas, lo que le decimos es que tiene que esforzarse, pero no hay manera. ¿Cómo podemos motivarla?».

Muchos padres les decimos a nuestros hijos que lo que nos importa del colegio no son las notas, sino su esfuerzo; sin embargo, lo primero que les preguntamos cuando los recogemos a la salida del colegio es la nota que han sacado en el examen. Yo te recomiendo que no les preguntes por las notas, los exámenes o los deberes. Pregúntales, en cambio, por lo que están estudiando. ¿Es interesante, es nuevo, es difícil, es demasiado fácil, es útil para la vida? Inicia una conversación sobre la materia, deja que te cuenten lo que han aprendido; no lo hagas como si te estuvieran recitando una lección, sino compartiendo el interés por el tema. Si tienes algo que aportar, hazlo, pero intenta que tu tono y tus palabras no les recuerden al colegio: se trata de implicar a tus hijos en una conversación de placer, no un refuerzo de lo que están estudiando.

Por otro lado, la motivación no siempre se cultiva con relación al contenido del colegio. Es posible que a tus hijos les fascinen los insectos y en el cole no los estudien. ¡Alimenta ese amor hacia los insectos! Habla de ellos, observadlos juntos, buscad libros en la biblioteca…

¿Hay algún tema que a ti te interese? ¿O muchos? Es estupendo que tus hijos te vean leer y que compartas con ellos las cosas interesantes que encuentres en tus lecturas, pues tu ejemplo de persona curiosa e interesada en el aprendizaje será el mejor modelo para ellos. Si, en cambio, tus hijos te ven constantemente con el móvil consumiendo contenido banal, normalizarán esta conducta.

Aprender en movimiento

En los colegios Waldorf los niños aprenden las tablas de multiplicar mientras mueven el cuerpo y hacen ritmos. En la secuencia «dos por tres es seis», pueden decir «dos» mientras se tocan la cabeza con ambas manos; «por», tocándose las caderas; «tres», tocándose los muslos, y «es seis» dando un salto mientras elevan los brazos al aire. El cerebro memoriza mejor cuando el cuerpo acompaña la memorización.

Si a tu hijo le cuesta permanecer sentado mientras hace los deberes, permítele hacerlos de pie. También puede ayudarlo hacer pausas: programa interrupciones para que pueda moverse; por ejemplo, dile: «Escribe tres líneas y botamos cinco veces el balón». Con el tiempo esas tres líneas pueden convertirse en cinco o en diez. Estas pausas ayudarán a tu hijo a que el rato de los deberes sea más llevadero porque estarás satisfaciendo su necesidad de movimiento.

Mi hijo no para de moverse mientras hace los deberes

«Mi hijo mueve constantemente los pies mientras hace los deberes. Antes de trabajar con Amaya, yo le decía todo el rato que se estuviera quieto, que parara de bailar porque me ponía nerviosa. Después de trabajar con Amaya me di cuenta de que el niño tiene la necesidad de moverse. Ahora hace los deberes con una pelota en los pies, con la que juega. Cada veinte minutos lo animo a que se levante para hacer unos tiros con la pelota. He entendido que él necesita moverse, y se lo he hecho saber. A veces me dice: "Mamá, parece que hoy estoy más tranquilo, mi cuerpo no necesita moverse tanto".

Me alegro de haberlo comprendido, porque ahora, durante los deberes, trabajamos y no estoy regañándolo todo el rato por un movimiento que ni siquiera puede controlar», Begoña.

Resumen del capítulo

- Establece un tiempo limitado para hacer los deberes.
- Alimenta la motivación de tus hijos hablando de cosas que a ti o a ellos os interesen.
- Convierte el estudio en un juego. El movimiento ayuda mucho.

9.
Habilidades sociales

¿Tienes una hija estupenda en casa, pero con dificultades para relacionarse en otros entornos? ¿Te preocupa que siempre ceda? ¿O tal vez es demasiado mandona? ¿Usa palabrotas? ¿Juega sola? Para muchas personas, relacionarse con otros no es sencillo. Las habilidades necesarias no siempre son innatas. La buena noticia es que tú puedes facilitarles a tus hijos el camino y mostrarles cómo relacionarse de la mejor manera. De este modo se ahorrarán muchos vericuetos: contarán con un guía que les dará las herramientas de las que ellos, ahora, carecen.

Juega casi siempre solo

Mario: «Nuestra hija de ocho años juega mucho sola. Cuando le preguntamos qué ha hecho en el recreo, nos dice que no ha jugado con nadie. La niña está bien, dice que no le importa, pero a nosotros nos preocupa que no tenga amigos».

Antes de decidir cómo actuar, es importante saber si la niña está realmente bien en el colegio. ¿Va contenta? ¿Se relaciona bien con los otros niños, aunque ella elija la soledad? Si en algún momento tiene ganas de estar con otros niños, ¿tiene la capacidad de acercarse a ellos y es aceptada? Si no tienes las respuestas a estas preguntas, tal vez te convenga preguntar a su profesora. Cuando tengas las respuestas, si son afirmativas, el diagnóstico es sencillo: la niña está perfectamente. En este momento de su vida elige estar sola algunos ratos (tal vez la mayoría) y es capaz de buscar compañía cuando la necesita.

En este caso, la dificultad es tuya: como adulto tienes unas expectativas con respecto a tu hija y te atemoriza que no se estén cumpliendo. En la sociedad actual, la extroversión es un valor: todos tenemos que ser muy sociables, muy comunicativos, tener muchos amigos y ser capaces de disfrutar en grupo. En mi opinión, este es un factor cultural que no tiene nada que ver con las verdaderas necesidades de tu hija. Una sociedad no puede estar formada solo por personas extrovertidas: también necesita personas introvertidas, observadoras y reflexivas, capaces de disfrutar en su soledad y silencio, de modo que te animo a que aceptes que a tu hija le gusta la soledad. En mi experiencia, los niños que eligen jugar solos son niños con un mundo interior muy rico, son creativos e imaginativos y no les suelen faltar recursos para jugar. ¡Tienen un don maravilloso!

Es importante que sepas que esta situación no tiene por qué ser permanente. En otras fases de tu vida tu hija nece-

sitará relacionarse con más personas, o tal vez no. Su felicidad, equilibrio y satisfacción personales no van a depender
de ello. Puede ser perfectamente feliz aunque necesite menos
estar con otras personas.

No tiene amigos

> Ana María: «Mi hijo no está bien en el cole. No se re-
> laciona con otros niños. No sabemos si no se atreve o
> si le da vergüenza, pero se siente solo».

Esta situación es diferente: el niño no está bien. En este caso,
tu hijo no elige estar solo; le gustaría jugar con otros niños,
pero no sabe cómo hacerlo. Este niño necesita ayuda de los
adultos de su entorno, en primer lugar, de los profesores.

Te recomiendo que hables cuanto antes con el profesor y
le transmitas cómo se siente el niño. Pídele ayuda para que
lo asista a la hora de jugar con sus compañeros. A veces los
profesores no ven las dificultades sociales de los niños en el
recreo, pero están muy dispuestos a intervenir una vez que
son conscientes del problema. Yo lo he vivido con mis propios hijos: sus maestras han sido una gran ayuda para mejorar su situación social cuando ha sido necesario.

En casa, puedes animar a tu hijo a que hable o juegue con
otros niños. Dile algo parecido a esto: «Sé que para ti es difícil estar en el cole porque te resulta complicado hablar (o
jugar) con otros niños. En esta familia somos solucionadores

de problemas y vamos a solucionar también este problema. Cada día te preguntaré con quién has hablado (o jugado). Quiero que hables con dos niños dentro del aula y con dos en el recreo».

Es importante que el niño perciba que estáis juntos para solucionar esta dificultad y que no le transmitas preocupación ni lo juzgues por sus dificultades. Hazlo de manera distendida y sin dramatismos. A la salida del colegio pregúntale con qué dos niños ha jugado dentro del aula y con qué dos niños ha jugado fuera, y el día que no lo consiga no lo regañes ni lo hagas sentir mal. Simplemente puedes decirle: «Hoy no lo hemos conseguido. Mañana volveremos a intentarlo».

Lo más habitual es que los niños, empujados por ti, rompan el obstáculo interno que les impide relacionarse y se animen a hacerlo.

Cuenta cuentos para que tus hijos aprendan a relacionarse con los demás

Los cuentos son una de las mejores herramientas que tienes a tu alcance para que tus hijos interioricen conductas que les resultan difíciles.

Muchos de mis alumnos cuentan a sus hijos un cuento inventado por mí titulado «Mi hijo es demasiado bueno». Voy a transcribirlo de manera resumida para ti.

Había una vez una mariquita que vivía en el gran roble del bosque y a la que le encantaba subir a la rama más alta y columpiarse en una hoja mientras observaba el cielo. Pero pocos días lograba llegar hasta arriba, porque, mientras subía, sus amigos siempre le pedían cosas. «¿Vienes conmigo al nogal? —preguntaba la araña—. He visto una nuez en la que podemos escondernos». Y la mariquita iba al nogal con la araña. Cuando volvía al roble para continuar su ascenso, la hormiga le pedía ayuda para llevar unas semillas a su hormiguero. «Pesan mucho y estoy cansada», le decía, y la mariquita la ayudaba. Después se encontraba con la oruga, que la invitaba a ver la nueva casa que se había construido en una rama del árbol. Al final llegaba la noche y la mariquita no había logrado hacer lo que deseaba.

Por fin un día decidió que tenía tantas ganas de ir a lo alto del árbol que nada la iba a distraer. Cuando la araña le pidió que fueran al nogal juntas, la mariquita le contestó: «Sé que te encanta ir al nogal, y a mí me gusta ir contigo, pero hoy no puedo ir porque tengo otros planes». Y siguió trepando árbol arriba. Cuando la hormiga le pidió ayuda con las semillas, la mariquita respondió: «Me temo que hoy no voy a poder ayudarte; tengo algo importante que hacer». Y, cuando la oruga la invitó a su casa, la mariquita dijo: «Tu casa es estupenda, tal vez pueda ir mañana». De esta manera, sin ofender a nadie y sin que nadie se enfadara con ella, la mariquita logró llegar a lo alto del árbol.

Adapta este cuento a la realidad de tu hija. Haz que el animal que elijas viva situaciones como las que vive ella y que las resuelva de manera eficaz. Cuéntale a tu hija el cuento con frecuencia, tal vez todos los días antes de que se exponga a la situación complicada. Cada día puedes variar algo, introducir alguna aventura..., e incidir siempre en la dificultad de la niña. No es necesario hacer nada más; el cuento funcionará por sí solo. Pero, si crees que puede ayudar, puedes decirle a tu hija algún día: «Me pregunto qué habría hecho la mariquita del cuento en una situación como esta».

Sufre acoso escolar

Ángela: «Hemos descubierto que nuestra hija es víctima de *bullying* en el cole, hay un grupo de niños que no la deja jugar y pasa mucho tiempo sola en los recreos».

Esta es la situación más temida, más difícil y más preocupante. En este libro no vamos a poder resolverla, pero no quería omitir esta preocupación que tenéis muchos de vosotros, al menos mencionándola brevemente.

En cuanto tu hija te dé alguna muestra de que no la dejan jugar y de que está sola, tienes que alertar a la escuela. No lo dejes pasar. Algunos padres pretenden, con muy buena voluntad, que sus hijos se defiendan solos en situaciones tan difíciles como el aislamiento, las agresiones, el *bullying*..., pero la realidad es que tu hija, sola, no va a poder revertir esta situación. Somos los adultos que estamos al cargo de los niños quienes tenemos la responsabilidad de protegerlos, incluso de protegerlos de otros niños. Por eso yo te empujo a que, en cuanto percibas las primeras señales de que algo no va bien en el colegio, hables con su profesora. Y, si después de un tiempo las cosas siguen sin ir bien, habla con la dirección del centro y, si es necesario, con las personas responsables de Educación. Pretender que tu hija se defienda sola es una falacia, y la estarás cargando con una responsabilidad que no le corresponde. A su dificultad en el colegio estarás añadiendo otra: la dificultad de fallar a sus padres, porque ellos consideran que tendría que ser capaz, sola, de modificar una dinámica social negativa.

En paralelo puedes intentar darle algunas herramientas para que su día a día mejore. Identifica con qué otros niños puede jugar. Si el problema lo tiene con las niñas, ¿podría jugar con algunos niños? ¿Podría jugar con niños de otra clase, incluso menores o mayores? ¿Hay alguien en su clase que no la rechace? Una vez que hayáis identificado juntas los niños con los que podría jugar, invítala a que juegue con ellos. Será más fácil que lo haga si le dices que a la salida del colegio le preguntarás a quién le ha pedido jugar hoy. Recuerda que, si te dice que no ha jugado con nadie, no debes mostrar tu frustración. Tu hija tiene que percibir que estás ahí para apoyarla y acompañarla en este complicado trance, no para presionarla y hacerle la vida aún más difícil. Tú eres su aliada, no su enemiga.

Siempre cede

> Estefanía: «Nuestra hija cede siempre con su hermana pequeña, y también con las amigas. Al principio nos parecía muy bien porque evitaba muchos problemas, pero ahora nos gustaría que aprendiera a decir que no a su hermana y a ponerle límites».

Hay niños que ceden casi siempre. Muchas veces son los hermanos mayores, que ceden para evitar el conflicto con el pequeño, bien sea por empatía, bien sea porque los padres se lo pedimos. También hay niños que ceden ante sus amigos y juegan a lo que los demás proponen al ver que sus ideas no son puestas en práctica.

Ceder es un gesto de generosidad. Muchos padres lo aplaudimos porque, cuando nuestro hijo cede, nos ahorramos un buen conflicto y, además, estamos orgullosos de lo bueno que es. Otros adultos de nuestro entorno lo comentan y nosotros nos sentimos bien interiormente. «Lo estoy haciendo bien», pensamos. Sin embargo, el niño que empieza cediendo en el parque puede terminar cediendo en su puesto de trabajo: merecía el ascenso, pero no peleó por él, porque, al fin y al cabo, le hemos enseñado que ceder y evitar el conflicto era muy bueno. O termina con una pareja dominante haciendo lo que siempre le han aplaudido: ceder y someterse a la voluntad de otra persona.

Idealmente, tus hijos aprenderán a vivir en un equilibrio entre lo que dan y lo que reciben. Aprenderán a poner límites a otras personas y a esforzarse por conseguir lo que realmente desean. Aprenderán a darse cuenta de cuándo sus objetivos son importantes y no pueden ceder y cuándo ceder es mejor para todos. No renunciarán a sus deseos ni a su voz, no les dará miedo hablar, exponer sus ideas y defenderlas. Comprenderán también tanto sus propias necesidades como las del otro y decidirán qué necesidades privilegiar en cada situación. Si tus hijos consiguen alcanzar este equilibrio, seguramente tendrán relaciones sanas y se sentirán satisfechos.

Te invito a que te mires a ti misma y tu relación con las personas de tu entorno. Las siguientes preguntas pueden ayudarte a comprender el modelo que estáis dando a vuestros hijos:

- ¿Cedes siempre?
- O, por el contrario, ¿no cedes nunca y estás rodeado de personas que siguen tu voluntad y ceden?
- En vuestro hogar, ¿todas las voces son escuchadas?
- ¿Los adultos exponéis vuestras ideas, vuestros deseos y vuestros objetivos y los discutís sin agresividad?
- ¿Hablas de tus necesidades y objetivos o te callas siempre?

Si después de responder estas preguntas sientes que en vuestra familia hay un buen equilibrio entre lo que cedéis y lo que recibís, no tienes que cambiar tu actitud. Este equilibrio lo están aprendiendo tus hijos.

Si, en cambio, te has dado cuenta de que tú siempre cedes o, por el contrario, tú nunca cedes y hay otra persona que lo hace siempre, entonces os recomiendo que reviséis vuestra relación. Este modelo de convivencia tan desequilibrado suele producir rencor en una de las dos personas y aislamiento en ambas. Los miembros de la pareja se alejan y con frecuencia ambos se sienten heridos: el que cede, porque siente que vive una relación injusta, y el que no cede, porque siente que siempre se merece más y no recibe lo suficiente. Si vosotros solos no sois capaces de aprender a relacionaros de una manera más equilibrada, hay profesionales que pueden ayudaros. Tener una relación equilibrada en el dar y en el recibir es muy importante y yo lo trabajo con mis alumnos, pues vuestra actitud es el modelo del que aprende vuestra hija; esto explica que siempre ceda.

Hay que enseñarle asertividad, a poner límites y a decir que no, incluso cuando esto tenga como consecuencia una pataleta de su hermana, y la mejor manera de enseñar asertividad a una niña es con tu propio ejemplo y después con representaciones de la situación que para ella es difícil.

Me gustaría que, cuando presencies una situación en la que tu hija está a punto de ceder, intervengas diciéndole: «Está bien que digas que no. Si tu hermana se enfada, yo me ocuparé». También puedes hablarlo con ella en un momento de calma, y decirle: «He visto que, cuando estás con tu hermana, siempre haces lo que ella te pide. Quiero que a partir de ahora aprendas a decirle que no».

A veces indicamos a nuestros hijos lo que tienen que hacer (o lo que no tienen que hacer), pero no les decimos cómo tienen que hacerlo. Esto no los ayuda porque no poseen las estrategias para poner en práctica lo que tú les indicas. Por ejemplo, tú puedes decirle a tu hija que no ceda siempre, de modo que, cuando esté jugando con su amiga del cole a un juego que no le gusta, sabrá que está cediendo una vez más y querrá no ceder, pero ¿cómo se hace? Tu trabajo consiste en enseñarle cómo hacerlo, en darle pautas muy claras para que sepa actuar la próxima vez que se decida a qué jugar en el recreo.

Puedes reproducir con tu hija la situación difícil, una estrategia que funciona muy bien con niños mayores. Primero tú actúas como si fueras su amiga y ella actúa siendo ella misma y después invertís los papeles. Cuantas más cosas diga tu hija, mejor. Incluso si inventa como reales reacciones que no han ocurrido nunca, ¡no comentes nada! Es su manera de procesar algo que le resulta complicado. También es muy eficaz representar la situación difícil (te enseño cómo hacerlo en el cuadro de texto «Un teatrillo para enseñar habilidades sociales a tu hija», en la página 176).

✳ Puedes invitarla a llevar a cabo pequeños retos diarios. Al despedirte de ella para ir al colegio, dile que, cuando la recojas, le preguntarás a quién le ha dicho a qué quería jugar. Enséñale que tiene que decirlo alto y claro. Si ensayas con ella antes, le resultará más sencillo ponerlo en práctica.

Compórtate como si fueras la entrenadora de tus hijos

Cuando nuestros hijos no se comportan como esperamos, o cuando hacen algo mal, muchas veces reaccionamos diciéndoles que están actuando mal y se lo echamos en cara con frases como estas: «¡Eso no se hace!», «Pero ¡¿cómo se te ocurre?!», «¿En qué estabas pensando?», «¡Ni se te ocurra hacer eso!», «¿Estás tonto o qué?» o «No vuelvas a hacerlo ¡nunca!». Lo que echo de menos cuando reaccionamos así es la otra parte del mensaje: le digo a mi hijo que algo no se hace de una manera determinada, pero ¿dónde está la enseñanza, cuándo le digo lo que sí que puede hacer o cómo debe hacerlo la próxima vez?

Me gusta pensar que quienes tenemos hijos a nuestro cargo somos entrenadores. Si yo fuera jugadora de tenis y mi entrenadora me dijera: «Sacas fatal. ¡Ni se te ocurra sacar así de nuevo!», yo no aprendería a sacar bien. Una buena entrenadora me dirá lo que no debo hacer y, todavía más importante, lo que sí tengo que hacer: cómo agarrar la raqueta, a qué altura lanzar la bola, el movimiento del cuerpo, etcétera.

Con nuestros hijos, pues, tenemos que hacer lo mismo. No basta con decir: «¡No pegues a tu hermano!», es necesario enseñarle a gestionar la agresividad que siente hacia su hermano. No basta con decir: «¡No pintes la pared!», es necesario darle una alternativa para dibujar y pintar. No basta con decir: «¡No me contestes mal!», es necesario enseñarle a conocer sus emociones para que pueda expresar su malestar y su enfado sin agredir. No basta con decir: «¡No seas tan desordenada!», es necesario enseñarle a ordenar.

Conviértete en la mejor entrenadora de tus hijos, enséñales cómo agarrar la raqueta y cómo golpear la pelota. ¡No basta con decir lo que no deben hacer!

No sabe perder

Elena y Vale: «Nuestro hijo no sabe perder. Todos los días jugamos juntos al fútbol y, si no gana él, le entran unas rabietas… Pero nosotros no le dejamos ganar siempre porque queremos que aprenda a perder, si no, ¿cómo va a aprender a perder con los niños del cole?».

Muchos niños no saben perder, y muchos adultos tampoco. Nos da rabia que no nos asciendan en el trabajo, nos molesta que nuestro hermano gane más dinero que nosotros, nos da envidia que los hijos de nuestro mejor amigo se porten mejor que los nuestros... Queremos ser los mejores. ¡Y nuestros hijos también! Es una emoción muy humana, muy natural y muy comprensible.

Sin embargo, tú sabes que la existencia de tu hijo va a ser mucho más sencilla si poco a poco aprende que la derrota forma parte de la vida, que le ganarán muchísimas veces y que tendrá que aprender a encajar el golpe. Por eso es importante que le enseñes a perder, y es importante que lo hagas comprendiendo que es natural que le resulte difícil. Cuando tu hijo se enfada por perder, no está haciendo nada malo: solo expresa la tremenda frustración que le produce no lograr sus objetivos, no alcanzar sus expectativas y sentirse imperfecto y vulnerable.

Antes de darte herramientas para que ayudes a tu hijo a aprender a perder, me gustaría que te observaras a ti mismo y te preguntaras si en tu día a día siempre intentas quedar victorioso, salirte con la tuya en las discusiones, tomar todas las decisiones o si, por el contrario, aceptas las razones del otro y sabes decir: «Tienes razón», «Me he equivocado» o «Hagámoslo como tú propones». Revisa tu comportamiento porque, como sabes, tus hijos aprenden mucho más de lo que tú haces que de lo que dices.

Es importante que evites fomentar y estimular la competición entre tus hijos. Si tu hijo aún no tolera la frustración que siente cada vez que pierde, te recomiendo que no aumentes la presión convirtiendo el día a día en una carrera entre ellos.

¿Animas a tu hijo a hacerlo todo bien siempre? ¿Lo regañas cuando se le cae el agua, saca malas notas, comete un error, tiene un accidente…? Entonces, estás enseñándole que siempre tiene que hacerlo todo bien, no puede fallar nunca, tiene que ser perfecto. Le estás empujando a que siempre gane. En este caso, ¡es normal que sufra cuando pierde! Podrías enseñar a tu hijo a valorar sus errores y sus accidentes: son oportunidades de aprendizaje. Enséñale a comprender que a veces las cosas salen bien y a veces mal, a interiorizar que no es perfecto, sino suficientemente bueno. Sé flexible con él, tolera su error y le estarás dando el gran regalo de aceptarse en la imperfección. Le estarás enseñando a aceptar la frustración que supone perder.

Estas son las enseñanzas más importantes porque le permitirán crecer de manera sana y equilibrada y sus beneficios son integrales, no solo afectan a la necesidad de ganar, sino también a muchos otros aspectos de su personalidad y a su manera de vivir la vida.

Te recomiendo que hables con el niño de su dificultad. Puedes decirle algo así: «Sé que para ti es muy difícil perder. En cuanto marco un gol vienen los enfados. Todos los días te preguntaré si estás preparado para perder. El día en que me digas que sí, te ganaré».

Pregúntale todos los días, antes de jugar, si está preparado para perder. Es muy probable que un día te diga que sí que lo está y, aun así, se enfade cuando vea que vas ganando. ¡No te frustres con él! Cuando te dijo que sí estaba preparado, lo creía de veras. Ahora que se ve perdiendo, no es capaz de soportarlo. Regañarlo solo aumentará su dificultad. En lugar de una reprimenda, puedes decirle: «Creías que hoy sí que podías perder y ahora te das cuenta de que es muy difícil. No te preocupes: estoy seguro de que aprenderás a perder».

Si te das cuenta, al decirle que «aprenderá a perder» estás indicando que lo que le ocurre es transitorio y que, además, forma parte de un proceso de aprendizaje. Estás dibujando para él un futuro en el que la dificultad que tiene ahora mismo desaparecerá. ¡Es esperanzador!

Para muchos niños el mejor espacio para aprender a perder es con los progenitores, porque es con quienes se sienten más seguros, de modo que podéis marcar en un calendario a quién le toca ganar cada día; pueden ser días alternos o dos días cada uno. Cuando te toque a ti ganar, no hagas demasiados aspavientos. Pero, cuando te toque perder, puedes decir: «Yo también prefiero ganar. ¿Tú crees que debería ponerme triste porque hoy me toca perder?».

Haz lo que te indique y, si crees que a él puede divertirle ver que cuando pierdes exageras, lloras, etcétera, ¡hazlo! Verte ayudará a tu hijo a elaborar sus dificultades con respecto a ganar o perder.

Entrenar a tus hijos para que afronten situaciones difíciles funciona muy bien con casi todos los niños. Puedes hacer un teatrillo con muñecos para representar la situación (ver cuadro de texto «Un teatrillo para enseñar habilidades sociales a tu hija» de la pág. 176) o reproducir la situación que a la niña le resulta complicada contigo y tu hija como protagonistas de la historia.

✳ Asegúrate de que le das herramientas a la niña para afrontar la frustración. Para eso, puedes representar la situación con ella y tú ser la que la interpreta a la niña cuando pierde (sin burlas, con profundo respeto). Puede ser útil poner en palabras lo que le ocurre: «Estoy disgustada porque he perdido y mi disgusto se transforma en enfado. ¿Qué puedo hacer para que mi disgusto se vaya?».

Ojalá en este momento a ella se le ocurran ideas para que el disgusto desaparezca. Si no se le ocurre nada, puedes darle ideas: correr un rato sola, abrazar a otro niño que también haya perdido, decirle a la profe que está enfadada porque ha perdido, escribirlo en un papel... Todas las ideas valen, da igual si son razonables o si son locas. Es importante que tu hija comprenda que tiene alternativas, que su disgusto es válido y que puede aprender a expresarlo de otra manera. Y también tendrá que aprender que a veces ganará y otras veces no.

Un teatrillo para enseñar habilidades sociales a tu hija

Los adultos tendemos a dar explicaciones racionales, ya que nosotros vemos las cosas muy claras desde nuestra perspectiva y creemos que una buena explicación bastará para que la niña no solo comprenda cómo debería actuar, sino que, además, lo haga. Sin embargo, la realidad nos muestra que no es así. La niña lo comprende, pero no es capaz de actuar, de modo que tu mensaje se ha quedado en algo teórico y no lo ha interiorizado.

Una herramienta que da muy buenos resultados es hacer un teatrillo con muñecos. Elige dos muñecos, conviértelos en protagonistas de las situaciones en las que tu hija no sabe bien cómo actuar y hazles representar la situación real que la niña ha vivido con las actuaciones negativas. Después hazles representar la situación óptima, con las reacciones que te gustaría que tu hija tuviera. Intenta que tu hija participe y te indique lo que tienen que decir los muñecos para que ella encuentre las mejores reacciones. Si es ella quien encuentra la solución, es mucho más fácil que se sienta capaz de aplicarla en la vida real.

Mi hijo no soportaba perder nunca

«Siempre competía con su hermano mellizo y, cuando perdía, se ponía como un loco. Amaya me dijo que le propusiera que cada vez que perdiera contra su hermano podría ganarme a mí en una carrera. Al principio no lo convenció mucho, pero luego empezó a sentirse bien cada vez que me ganaba. Creo que, además, le gustaba que hiciéramos esas carreras juntos. Todavía prefiere no perder contra su hermano, pero ya no lo vive tan mal», Mariana.

No quiere compartir

Aitxiber: «Mi hijo mayor no comparte los juguetes en el parque. Los quiere todos para él: los suyos y los de sus amiguitos. Por mucho que yo le diga que tiene que compartir, se niega, se enfada, llora, patalea… ¿Cómo puedo enseñarle a compartir?».

¿Y si yo te dijera que no pasa nada si tu hijo no comparte los juguetes? Los adultos estamos obsesionados con que los niños tienen que compartir y a veces tengo la sensación de que en algunos casos es por miedo al qué dirán el resto de los padres cuando vean que nuestro hijo no comparte. ¿Pensarán que soy un mal padre? ¿Pensarán que mi hijo es malo y que yo no sé educarlo? Otras veces nos angustia el sufrimiento del niño con quien nuestro hijo no comparte. A veces, cuando con quien no comparte es con un hermano, nos entristece que el vínculo entre ellos no sea más positivo y amable.

Te pido que cambies tus expectativas. Deja de esperar que tu hijo comparta y asume que en esta fase de su vida es muy natural que no lo haga. Que tu hijo de tres años comparta o no los juguetes no va a tener como consecuencia que sea un niño, adolescente o adulto egoísta en el futuro. Tu hijo no sabe compartir ahora; en el futuro madurará, las relaciones que establezca con otros niños serán diferentes y de manera natural empezará a compartir.

Si lo que te preocupa es que tu hijo sea una persona generosa, obligarlo a compartir puede tener el efecto contrario: que se haga más posesivo, ya que lo estás forzando a desprenderse de algo cuando no está preparado para hacerlo. Por ello mi recomendación es que respetes cuando tu hijo decide que el juguete que tiene entre manos es solo para él.

No digas «nunca» ni «siempre»

El lenguaje que utilizamos puede tener implicaciones más profundas de lo que pensamos. En mi familia tenemos dos palabras prohibidas: «nunca» y «siempre». Si uno de mis hijos dice: «Nunca voy a conseguir dibujar bien», algún adulto responde: «¿Nunca? Esa es una palabra extraña que no comprendo muy bien. En esta casa no la usamos. Creo que lo que quieres decir es que por ahora no estás logrando dibujar tan bien como te gustaría. ¿Puedo hacer algo para ayudarte a que lo consigas?». Si le dice a su hermano: «¡Siempre lo hago mal!», puedes contestarle: «¿Siempre? Creo que quieres decir que en este momento no lo estás haciendo bien».

Del mismo modo, no pienses ni digas que tu hijo «nunca» comparte (o cualquier otra cosa). Es mucho mejor y más realista decir que en este momento de su vida compartir le resulta difícil. Siempre que puedas, ante una dificultad introduce una condición temporal pasajera: «últimamente», «estos días», «en esta etapa de tu vida», «hoy», «esta mañana», «en este rato», «ahora». De esta manera indicas a tus hijos que más tarde, o mañana, las cosas serán de otro modo y que la dificultad que están viviendo ahora no tiene por qué permanecer.

No me deja hablar con otras personas

César: «Nuestro niño de dos años me tapa la boca cuando hablo con algún otro padre del cole. Yo le explico que papá tiene que hablar con otros papás, pero él sigue igual, no me hace caso y me sigue tapando la boca. ¿Debo dejar de hablar con otros padres o debo quedarme charlando para que el niño se acostumbre? Veo que otros niños no lo hacen».

A veces es útil ver lo que hacen otros niños porque nos da una referencia. A la vez, es importante que comprendas que tu hijo es único y que algunos de sus comportamientos serán también únicos. En esta situación, el niño no presenta ningún problema: solo tiene que aprender a compartir a su padre, algo que no es fácil para él.

Con niños pequeños los cuentos funcionan genial (te cuento cómo hacerlo en el cuadro de texto «Dibuja un cuento con tu hija» de la pág. 49). Puedes dibujar un cuento con tu hijo en el que ilustréis la secuencia de lo que va a ocurrir: el padre y el niño se encuentran a la salida del cole, se dan un beso, se cuentan cómo ha ido el día y después el papá se entretiene un rato charlando con otro padre. Dibuja cada una de estas situaciones en una página. Es deseable que el proceso de crear el cuento sea un momento de conexión entre vosotros. Cuando dibujes el momento del encuentro con el otro padre, dibuja primero la situación real: tú disgustado y tu hijo disgustado mientras te tapa la boca. En la página siguiente, dibuja la situación ideal: tu hijo y tú con una gran sonrisa mientras él acepta que hables con otra persona.

Lee el cuento cada día antes de ir al colegio. Tus explicaciones no han funcionado hasta ahora, pero dibujar un cuento con tu hijo es una de las herramientas más potentes que conozco para que los niños interioricen conductas positivas en situaciones que se repiten.

Además de dibujar y leer el cuento, puedes anticiparle a tu hijo cómo va a ser el encuentro con tu amigo. Cuando lo recojas, después del beso y del ratito que estéis los dos solos, puedes decirle: «Ahora voy a hablar un poquito con mi amigo. Voy a hablar así de poco porque sé que para ti es más fácil si estamos poco rato». Cuando digas «así de poco», muéstrale el tiempo separando los dos índices: los índices juntos indican menos tiempo y separados, más tiempo. De esta manera tan visual tu hijo entenderá que el tiempo será corto y, además, le estás explicando que tiene una dificultad. También le haces ver que lo comprendes y lo apoyas y que te adaptarás a sus necesidades haciendo el encuentro más corto. Ahora solo falta que el encuentro sea corto de verdad para que sea tolerable para el niño. Poco a poco podrás ir alargándolo.

No quiere dar besos a otros adultos

Bea: «No sé por qué, pero mi hija no quiere dar besos a mi madre. Y, claro, yo no quiero que mi madre se ponga triste o piense que la niña no la quiere. Además, mi madre viene mucho a casa. A veces le digo que le doy un caramelo si le da un beso a la abuela, pero tampoco quiero estar todos los días dándole caramelos a la niña».

La respuesta más directa que puedo darte es esta: si tu hija no quiere dar besos a la abuela, respétala. La niña es dueña de su cuerpo y ella tendrá que decidir qué hace con él, a quién besa, a quién abraza, a quién acaricia. Nunca debemos obligar a un niño (o a un adulto) a tener contacto físico con una persona con quien no quiere tenerlo.

De hecho, me gustaría que fueras más allá. Me gustaría que cada vez que tu hija no quiera dar besos la apoyaras en su decisión y en su asertividad. Podrías decirle algo así: «Tú eliges si quieres dar besos o no». No la juzgues nunca por no querer dar besos. Es su decisión, y es una decisión válida.

Me gustaría que no la chantajearas de ninguna manera y que no negociaras con ella a cambio de un beso. Piénsalo: si lo haces, le estarás enseñando que es correcto tener contacto físico con un adulto a cambio de un regalo. También le estarás enseñando que son los deseos de los adultos, y no los suyos, los que hay que satisfacer.

Una vez que aceptas que está bien que tu hija no bese a quien no quiere, tienes un problema: la abuela. Puedes ayudarla para que no surja un conflicto cada vez que la abuela y la niña se encuentren. Tal vez quieras decirle a tu madre algo así: «Mamá, yo sé que tú quieres que la niña te bese, pero ella no quiere, y he decidido respetarla. Sé que para ti es difícil, y ojalá encontréis otra manera de conectar que no sea con los besos».

Si te sientes juzgada por tu madre, te pido que actúes con inteligencia: repítete que estás haciendo lo mejor para tu hija y que tu misión es enseñarle a ser asertiva con su cuerpo y con sus afectos. No olvides que la abuela es adulta y tendrá que gestionar sus emociones cuando su nieta no quiera besarla. Protege y enseña a tu hija más que a tu madre, pues tu hija lo necesita más.

Es tímido o vergonzoso

Geli: «Mi niña es muy buena, se porta muy bien en clase, pero la maestra dice que nunca levanta la mano para responder a sus preguntas. Tampoco se atreve a pedir a los demás niños si puede jugar con ellos, a decirle al de la tienda de helados los sabores que quiere, a pedir un vaso de agua en un bar… No se atreve a nada. Su padre y yo somos muy lanzados, así que no lo entendemos. ¿Es malo que sea así? A nosotros nos parece que sí, pero no sabemos cómo animarla».

Cuando una de mis hijas tenía siete años, su profesora nos contó que no participaba en clase. Le dije a la niña que todos los días le preguntaría si había levantado la mano o no, y que esperaba que la levantara al menos dos veces cada día. Cuando la recogía del colegio, después de abrazarnos y charlar, le preguntaba si había levantado la mano al menos dos veces. No lo hacía como una policía o una jefa. No esperaba que la niña «obedeciera» y levantara la mano, sino que se lo preguntaba con ligereza, mostrándole mi apoyo y mi acompañamiento. Sin juzgarla. Desde el primer día empezó a levantar la mano, a veces una vez, a veces dos. Al cabo de dos semanas dejé de preguntarle porque percibí que la niña había superado el obstáculo que le impedía participar en clase.

✳ Organiza un reto para tu hija de una semana, por ejemplo. Podéis llamarlo «El reto de ganar a las vergüenzas». Cada día tendrá que hacer algo que le cueste: un día, pedir ella el helado; otro día, el pan; otro día, saludar al vecino… Haced un calendario de la semana y cada día haced un dibujo de cómo ha ido. ¿Ha sido capaz de pedir ella el pan? Haced un dibujo precioso de una niña con pan en la mano, por ejemplo. ¿No ha sido capaz de hacerlo? Haced el dibujo que tu hija decida.

Para ser efectivo, este proceso debe ser vivido con humor y alegría, siempre sin juzgar al niño. Recuerda que tu hija no está haciendo nada mal: la niña tiene una dificultad y tú la estás ayudando a superarla. Cada vez que consiga superar su reto, felicítala por haber «ganado a sus vergüenzas».

Si no lo logra, no pasa nada, seguid animándola a que lo haga. Estos procesos son largos y costosos para muchos niños, pues se sienten poco capaces y creen que no tienen las aptitudes necesarias para manejarse con seguridad en el mundo. Dales tiempo y apóyalos siempre; antes o después, esto que ahora les cuesta tanto les resultará muy sencillo. No dejes que tus expectativas se conviertan en un elemento de presión, porque esto dificultará aún más que la niña se suelte. Presión no. Acompañamiento y apoyo, sí.

Mi hija nunca levantaba la mano en clase

«Una de mis hijas era tan tímida en el colegio que no levantaba la mano para responder a las preguntas de la profesora. Cuando la profesora me lo contó, pedí ayuda a Amaya, que me dijo que tenía que empujar a mi hija de manera amable para que aprendiera a participar en la dinámica del colegio. Le dije que todos los días, a la salida del cole, le preguntaría si había levantado la mano por lo menos dos veces. En unas semanas la niña se acostumbró a participar en clase y ya no fue necesario seguir preguntándoselo», Laura.

Mi hija ha saludado a la vecina

«Amaya, estoy muy contenta porque la niña hoy ha saludado a la vecina. Ya sabes que antes siempre se escondía detrás de mí cuando nos la encontrábamos. Como me sugeriste, la animé a decirle "hola" alto y claro a la vecina, ya que la vemos todos los días a la vuelta del cole. ¡Y lo ha hecho! Le he dicho que chocara los cinco por haber ganado a sus vergüenzas. Tendrías que haber visto su cara de alegría», Estefanía.

Es muy mandona

Sandra y Nico: «Mi hija es mandona, lo veo en el parque y cuando vienen amigas a casa. Les manda mucho. Da igual que yo le diga que no lo haga, sigue haciéndolo. No sé cómo enseñarle a ser menos mandona».

Esta es una queja que me encuentro con frecuencia, sobre todo (aunque no solo) referida a las niñas. En ocasiones la solución es muy sencilla: deja que tu hija sea como quiera ser. Si no tiene problemas, tiene amigos, es querida y ella sabe querer, permítele ser como es. Por eso lo primero que les pido a las familias que me cuentan que su hija es mandona es que me expliquen si la niña sufre o no sufre.

Si no sufre, tal vez no sea un problema de la niña, sino que su comportamiento choca con tus expectativas. Si tú esperabas tener una niña modosa, tranquila y apacible, y te encuentras con una niña enérgica, asertiva, con ideas muy claras…, tendrás que aprender a valorar todo lo que tu hija tiene de bueno. También deberás revisar tus valores de género. ¿Sabías que a las niñas se las llama mandonas y a los niños, líderes? Por eso, si tu hija es mandona y feliz, voy a pedirte que en tu cabeza empieces a llamarla «lideresa» y que destierres la palabra «mandona» de tu vocabulario.

Ahora piensa en todo lo bueno que este carácter tan seguro puede proporcionar a tu hija en el futuro. Yo enseño a mis alumnos liderazgo y asertividad, no solo para la vida en familia, sino también para otras áreas de su vida, como la profesional. ¡Tu hija no tendrá que aprenderlo porque ya lo tiene, forma parte de ella!

Sin embargo, si se frustra porque no la obedecen o no tiene amigos, tendrás que ayudarla a ser una buena lideresa, a negociar y a ceder. Sobre todo, tendrá que entender que, aunque sus ideas no sean aceptadas, eso no implica que ella sea rechazada.

Para conseguir que no se sienta rechazada cuando su juego no es secundado por los demás, puedes decírselo con palabras muy sencillas: «Los niños sí que quieren jugar contigo, porque te quieren y son tus amigos. No les apetece jugar a tu juego, pero disfrutan estando contigo». También puedes decir: «¡Tú no eres el juego que te has inventado! Tú eres María, y a ti te quieren. Tu juego es el pillapilla, y ahora mismo a tus amigos no les apetece».

Estas ideas a veces hay que repetirlas y repetirlas para que la niña termine interiorizándolas. No esperes que cambie su percepción de sí misma rápidamente, y no dejes de enseñarle que ella no es sus ideas.

❊ Para enseñar a tu hija a ser una buena lideresa, usa el recurso del teatrillo del que ya te he hablado (ver cuadro de texto «Un teatrillo para enseñar habilidades sociales a tu hija» de la pág. 176), pues funciona muy bien para enseñar habilidades sociales.

¿Con qué gafas valoras a tus hijos?

Valorar a tus hijos por lo que son es uno de los mejores regalos que puedes hacerles, ya que su seguridad interna se va a formar de acuerdo con tu mirada durante su infancia. Si tu mirada es positiva, su autoestima será fuerte. Si tu mirada les transmite que no son suficientemente buenos, su autoestima y la consideración que tienen de sí mismos serán frágiles.

Cuando no te gusten aspectos de tu hijo, prueba a mirarlo con otras «gafas». Tal vez tú seas alegre y atrevido y te molesta que tu hijo sea reservado. Cámbiate de gafas y piensa en las virtudes que tiene tu hijo: a lo mejor es muy observador, imaginativo, tiene un mundo interior muy rico... Tal vez a ti te encante el deporte y tu hijo prefiera la lectura. Cámbiate de gafas: piensa en lo bueno que es que tu hijo sea tan buen lector.

No valores a tu hijo según tus expectativas, valora lo que es. Y, si no te gusta, ¡cámbiate de gafas!

Nos da órdenes

Jesús y Charo: «Nuestra hija nos da órdenes. Lo peor es que nosotros, sin darnos cuenta, hacemos lo que ella dice, porque, además, tiene mucho carácter y, si no se sale con la suya, se enfada mucho. Luego vemos que no está bien que sea ella la que decide en casa. Pero ya no sabemos cómo cambiar la situación, que nos genera muchos conflictos».

Esta situación es muy común: niños que tienen el cetro de mando, y que lo tienen porque nosotros, los adultos, se lo hemos cedido sin darnos cuenta. Tal vez para evitar conflictos, tal vez para complacer a los niños, tal vez para sentirnos mejor... Sea cual sea la razón, te animo a que recuperes tu posición de adulto en la familia.

Una niña no tiene que estar en la posición de decidir cosas que afectan a toda la familia: qué planes hacemos, qué horario seguimos, qué comemos, con quién nos relacionamos, cuáles son los límites, qué está permitido o no… ¡No es su papel! Y no es bueno ni para ella ni para los padres. Me gustaría que te convencieras de que el líder de la familia eres tú. Tu hija te necesita como líder porque esto le dará mucha seguridad y le permitirá ocuparse de lo que realmente tiene que ocuparse para su desarrollo: jugar, aprender, vivir una vida de niña.

Cambiar de un modelo donde la niña manda a un modelo en el que los padres toman las decisiones es duro: al principio la niña presentará batalla. Al fin y al cabo, le negaréis cosas que antes le permitíais decidir. No temas: esa batalla os llevará a un lugar mejor. Así pues, vive el conflicto con asertividad y firmeza (y sin agresividad), con el convencimiento de que estás dando a tu hija lo que necesita. Pronto tu familia estará en un lugar mucho mejor.

✳ Cuando tu hija te dé una orden, puedes decirle: «¡Anda, si hay aquí una *manda*-rina! Voy a pelarla a ver si está jugosa», y la «pelas». De esta manera le estás comunicando que no te gusta que te hable así, y lo harás aumentando el vínculo con ella.

✳ Cuando tu hijo utilice un tono imperativo contigo, puedes ponerte muy serio, como si fueras un filósofo, y decir: «Qué familia más extraña, en la que los niños dan órdenes a los padres. Mmmm, muy extraña, muy extraña».

✳ Cuando te hable mal, busca su «voz bonita» en su cuerpo (ver cuadro de texto «¿Dónde está tu voz bonita?», de la pág. 129).

Firmeza no es dureza

Algunos de mis alumnos me preguntan cómo saber si están siendo firmes o duros. Muchas veces la respuesta está en tu intención: ¿quieres que tu hijo se sienta mal, poca cosa, débil? ¿Quieres que sepa que tú eres fuerte y poderoso y que él no puede hacer nada contra ti? ¿Sientes en ese momento que es tu antagonista? ¿Tienes deseos de humillarlo y hacerlo sentir frágil? ¿Quieres que tu hijo perciba tu enorme fuerza y poder? ¿Sientes ira dentro de ti? Si respondes positivamente a alguna de estas preguntas, entonces estás siendo duro.

Otra manera de saber si eres duro o firme es analizar tu lenguaje verbal, facial y corporal. Fíjate en tu mirada, ¿es dura? ¿Estás señalando al niño con el dedo? ¿Estás gritándole? ¿Lo has zarandeado? Si respondes que sí a estas preguntas, estás siendo duro.

Ser firme coincide con ser asertivo: debes decir las cosas con seguridad y sin agresividad. No debes desear ganar; esto no es una lucha con tu hijo, sino una alianza en la que ambos tenéis que salir ganando. Tu intención no debería ser vencer en la guerra, sino apaciguar al niño y mostrarle el camino que seguir.

Que no te dé miedo la firmeza. Es buena, da seguridad al niño. En los momentos de crisis recuerda siempre el amor que sientes hacia tus hijos y no olvides que de ninguna manera deseas herirlos. Tu intención es ayudarlos a crecer de la mejor manera posible.

Dice palabrotas

Marta: «Mis hijos usan palabrotas y no lo soporto. En casa no las escuchan. Les digo que no las usen, pero siguen. Me dicen que se les escapan».

Me temo que, si vives en España, la batalla contra el lenguaje soez la tienes prácticamente perdida. Aunque vosotros en casa no lo uséis, está tan extendido en la calle que en mi experiencia va a ser muy difícil que tus hijos eliminen del todo las palabras malsonantes de su vocabulario. Porque los adultos las usan constantemente y ellos se las oyen a los padres a la salida del colegio, y al conductor del autobús, y a la panadera, y a dos amigos que se saludan por la calle… Si te descuidas, os las escuchan a vosotros cuando se os escapan hablando de algo banal. Inevitablemente, los hijos de esos adultos normalizan el lenguaje soez y lo usan en sus relaciones con sus amigos. Nosotros vivimos en el extranjero desde hace años, y a mis hijos les impacta escuchar palabrotas cada vez que vamos a España.

Eso no significa que dejes de dar importancia al hecho de que tus hijos hablen mal. En mi opinión tiene mucha relevancia y debes establecer límites de acuerdo con tus valores familiares. Es necesario que les digas a tus hijos que dentro de casa no vas a tolerar ese lenguaje. A la vez, acepta que es muy probable que cuando estén con sus amigos digan tacos porque sienten la necesidad de integrarse en el grupo. No dejes de repetirles que no te gusta que hablen así, pero no lo conviertas en una guerra, porque la presión del entorno y la cultura es enorme y tal vez tus hijos ni siquiera son capaces de dejar de decir tacos cuando están con amigos.

Si decides que decir palabrotas no es tolerable, revisa muy bien tu lenguaje. Si tú las usas, no tiene sentido que se las prohíbas a ellos: tus hijos aprenden más de lo que tú haces que de lo que tú les dices que hagan.

✳ Antes de entrar en casa, pídeles que vacíen el cargamento de palabras malsonantes, que están prohibidas dentro de casa. Agitad los brazos, agitad la cabeza, sacad la lengua para que las palabras feas «salgan» de la boca. Cuando os hayáis vaciado, estaréis preparados para entrar en casa.

Anticípate

Prepara a tus hijos para la conducta que desees que lleven a cabo. Si en casa dicen palabrotas, diles antes de llegar que tienen que acordarse de no usarlas. La anticipación es como apretar un interruptor que estaba apagado, y le da al cerebro del niño una información que, aunque él conozca, no estaba activa. Así que recuérdaselo antes de que la conducta reprobable se produzca.

Díselo con pocas palabras, cinco minutos antes de llegar a casa, dos minutos antes de llegar y cuando ya estéis en la puerta. Haz lo mismo antes de apagar una pantalla, cuando quieras que por la calle se comporten de una manera determinada, cuando tengan que lavarse las manos, etcétera.

Habla muy alto o grita

Ana María: «Mi hijo es muy bueno, pero grita siempre: cuando está contento, cuando está enfadado, cuando me cuenta algo. ¡Y me pongo de los nervios! Me paso el día diciéndole que hable más bajo, pero no parece funcionar. ¿Qué puedo hacer?».

Cuando los niños gritan, los adultos nos volvemos locos. Porque gritan mucho y, además, sus voces son muy agudas. Nuestro oído se altera, y nuestro cerebro también. Conozco a pocos adultos para quienes los gritos y el volumen alto de los niños no sean molestos. Ante esta molestia que es casi como si nos estuvieran agrediendo, ¿qué hacemos? Gritamos nosotros también: «¡Deja de gritar, te lo he dicho mil veces!» o «¿Es que no sabes hablar sin gritar?». Nuestra reacción crea tensión, y así va a ser difícil que el niño aprenda a modular su voz.

Las razones por las que tu hijo grita tanto pueden ser varias. Puede ser que simplemente no sea capaz de controlar el volumen de su voz o que en tu casa habléis muy alto. También puede ser que tenga problemas de audición; si tienes dudas, llévalo al especialista.

Muchas veces los niños hablan alto porque necesitan hacerse oír. Cuando hay más hermanos con los que competir por contar algo, cuando los padres no escuchamos mucho a los niños, cuando en una familia nos hablamos más gritando que conversando…, en esos casos es natural que el niño utilice el recurso más inmediato para expresarse de manera efectiva: hablo alto y así me oyen.

Cuando tu hijo habla alto, no lo elige: le sale solo. Regañar a alguien por algo que no hace deliberadamente no va a ayudarlo en absoluto, lo que lo ayudará es que le indiques dónde tiene que mejorar en la vida, y que lo hagas de la manera más amable posible. El aprendizaje se produce cuando está asociado a una emoción y, cuanto más positiva sea esta emoción, mejor.

Tendrás que ser muy paciente, ya que tu trabajo como educador se basa muchas veces en la repetición. Decir lo mismo una y otra vez no es agradable, pero es necesario. Una de tus herramientas es repetir el mensaje muchas veces, hasta que ya no haga falta repetirlo. Y tu reto es repetirlo siempre como si fuera la primera vez: con amabilidad y cariño. Y si es con sentido del humor, mejor.

✳ Cuando tu hijo hable muy alto, puedes decirle: «Pero… ¿dónde está el botón de bajar el volumen? A ver…, déjame buscarlo», y lo buscas por su cuerpo. Puedes encontrarlo en el ombligo, en la oreja o donde se te ocurra. El objetivo es hacerle cosquillas, pasarlo bien e indicarle sin decirlo directamente que está hablando demasiado alto. ¡Funciona muy bien! Si tu hijo es mayor, bastará con que le digas: «Bájate el volumen, por favor».

✳ Puedes enseñar a tus hijos a modular su volumen dentro de casa diciéndoles: «¿Os habéis puesto la voz de estar dentro de casa?». Cuando salgáis a la calle, puedes decir lo contrario: «Ahora, si queréis, podéis poneros la voz de estar en la calle».

Una palabra mágica

Con frecuencia les decimos a nuestros hijos lo que hacen mal: «Haces ruido al comer», «Te estás metiendo el dedo en la nariz», «No coges bien el cubierto», «No hables tan alto», y podemos hacer estas críticas cada día de su vida, varias veces al día. ¡Imagínate lo duro que tiene que ser para un niño recibir estas críticas cotidianas por cosas que él ni siquiera elige hacer, sino que son gestos automáticos! Tiene que hacerlo sentir fatal.

Por otro lado, es nuestra labor como padres enseñarles a coger bien el cubierto, a no gritar cuando hablan, a no meterse el dedo en la nariz y a no hacer ruido al comer, pero la buena noticia es que es posible decírselo ¡sin decírselo!, sin que lo vivan como una crítica, sin escuchar las mismas palabras día tras día.

Para eso tienes que acordar con el niño una palabra que usarás cada vez que se produzca una de las situaciones anteriores. En mi casa usamos «babaganús» cuando alguien hace ruido al comer; en cuanto alguien lo dice, el niño que está haciendo ruido se corrige. Otras familias usan: «me-encantan-las-patatas-con-tomate», palabras inventadas como «trucupucu» o nombres propios como «Manolita». Lo importante es que tanto el niño como tú sepáis cuándo hay que usar vuestra palabra mágica. Es un recurso genial porque evita la crítica.

Cuando los adultos hablan alto, los niños también

«Mis padres oyen mal. Cuando estamos con ellos, todos subimos el volumen para que nos oigan y terminamos gritándonos incluso cuando mis padres ya no están delante. He comprendido que a mis hijos les pasa lo mismo: se acostumbran a subir el volumen de su voz después de haber estado con los abuelos. Ya no los regaño, simplemente les busco el botón del volumen en el ombligo y se lo bajo. Nos reímos y corrigen el volumen tan alto. Es genial», Lourdes.

Resumen del capítulo

- Revisa tus expectativas: ¿tu hijo tiene una dificultad o es feliz y no hace daño a nadie aunque no se comporte como tú habrías querido?

- No te enfades con niños que no se relacionan bien.

- Enséñales a hacerlo mejor: los cuentos, los teatros con muñecos y los dibujos son buenas herramientas para que lo aprendan.

- Ten paciencia: tu hijo se está formando, aún le quedan muchos años para definir su carácter.

10.
La comida

Los padres queremos que nuestros hijos coman, que coman lo suficiente y, en casi todas las familias, que coman sano. Una buena alimentación es una prioridad y una obligación de los adultos, ya que con ella garantizamos la supervivencia de nuestras crías. Por eso mi cerebro se alarma cada vez que mi hija no se termina toda la comida del plato o cada vez que dice que no tiene nada de hambre y se salta una comida; instintivamente, mi parte más animal teme que su vida esté en peligro. Visto con objetividad, sabemos que hoy en día en nuestro entorno nadie se muere de hambre.

Pero el temor a su muerte está ahí, es instintivo y es lo que ha permitido que nuestra especie haya sobrevivido. Me gustaría que, si en tu casa hay problemas a la hora de comer, uses la parte más racional de tu cerebro y estés tranquila: si en la consulta de pediatría te han dicho que la niña está sana, si la ves alegre y con energía, si no tiene problemas de salud, entonces olvídate de si come mucho o poco: tu hija está comiendo lo que necesita.

No prueba nada nuevo

Pedro: «A mi hijo pequeño le gustan muy pocas cosas y se niega a probar nada nuevo».

Muchos niños tienen aversión a los sabores nuevos. Les producen desconfianza, o son demasiado estimulantes, o les parece que están asumiendo un riesgo para el que no están preparados… O tal vez su gusto, en este momento de su vida, solo acepta algunos sabores, pero, a medida que vaya creciendo, el gusto le irá cambiando y aceptará sabores nuevos. No te agobies, no te preocupes y, sobre todo, no hagas que la comida sea un campo de batalla para vosotros.

Es importante que en la mesa siempre haya comida sana y que todos los días le ofrezcáis algo que normalmente no probaría. Si no come verdura, es bueno que todos los días haya algo de verdura en la mesa. Si no quiere comerla, no pasa nada, pero le estarás enseñando que lo natural es comer verdura a diario. Tú eres el mayor ejemplo para tu hijo, y cuando sea adulto le parecerá muy normal cocinar verdura a diario.

Tú eres responsable de la comida que cocinas y sacas a la mesa, pero tus hijos eligen qué comen de lo que hay en ella. Estoy segura de que con el tiempo el gusto de tus hijos cambiará y cada vez estarán más preparados para probar cosas nuevas.

🕸 Puedes preparar un brócoli u otra verdura al vapor, que no mancha y se puede coger con las manos, y decirle a tu hija: «Ni se te ocurra comer brócoli, porque a lo mejor crece dentro de tu barriga y te salen ramitas y flores por tus orejas, por tu nariz… ¡Prohibido comerlo!». Con un poco de suerte, tu hija se animará a comer un trocito. Si lo hace, escandalízate mucho y dile que no lo haga. Exagera cada vez que se lleve un trozo a la boca. Terminaréis todos riendo. Funcionó genial con mi hijo cuando dejó de comer verdura (¡solo comía brócoli!).

🕸 ¿Has probado a dejar que tu hija cocine contigo? Desde los cuatro años puedes ponerla de pie en una silla, con el respaldo hacia los fuegos de la cocina. En una sartén con unas gotitas de aceite puedes colocar unas lonchas finas de calabacín. Ella podrá darles la vuelta, siempre contigo acompañándola y teniendo cuidado para que no se queme. Cuando son ellos los que cocinan, se animan a probar lo que han cocinado.

Las hortalizas crudas, entre horas, pueden ser un éxito

Mi hijo comía de todo hasta que, con dieciocho meses, dejó de comer verdura. ¡No probaba ni una, le daban arcadas! Como comía mucha fruta, no me preocupaba demasiado, aunque tanto mi marido como yo nos inventábamos maneras de esconder la verdura en la comida…, pero no funcionaban. Cuando cumplió dos años, dejó de comer todas las frutas excepto el plátano. Estuvo un año comiendo plátanos a mansalva. Entonces empezamos a ofrecerle hortalizas crudas: zanahoria, coliflor, apio, pimiento rojo... Sobre todo se las ofrecíamos entre horas, cuando estábamos fuera de casa y no había alternativa: en el parque, en el coche o cuando lo recogíamos del colegio, y las comía muy bien. Después incorporamos los germinados: de lentejas, de soja, de semillas... Le encantaban. (Para tu información, te diré que mi hijo ahora come casi todo).

Varias de las familias con las que trabajo han empezado a ofrecer hortalizas crudas entre horas a sus hijos, y estos las han aceptado. Pruébalo tú también, tal vez os funcione.

No aguantan sentados a la mesa

Amaya: «¿Qué podemos hacer para que nuestro hijo no se levante todo el rato de la mesa?».

Te voy a pedir que hagas un gran ejercicio de flexibilidad y cambies tus expectativas: si tu hijo no aguanta sentado más de cinco minutos, ¡no esperes que permanezca treinta sin moverse de la mesa! Cambia tus expectativas a siete u ocho minutos. A medida que crezca, los periodos de tranquilidad serán cada vez más largos.

En muchos casos, los niños aguantan más tiempo sentados si están en una mesa y una silla de su tamaño. Las tronas y las sillas normales no les resultan cómodas y su cuerpo está deseando escaparse de ahí. Algunos de mis alumnos han colocado una mesita baja junto a la mesa de los adultos y, desde que sus hijos comen en ella, están más cómodos. Si no tenéis una mesa infantil, usad una silla de adultos como mesa (puedes poner un mantel individual para protegerla de las manchas) y que el niño se siente en una sillita pequeña.

Intenta crear un momento agradable y entretenido a la hora de la comida. Podéis jugar mientras coméis, por ejemplo, al veoveo, o podéis jugar a rifar. También podéis contarles historias o inventaros una historia entre todos. ¿Hay algo que os haga reír? Ponedlo en práctica mientras coméis.

Tardan mucho en comer

> Rosa y Alberto: «Tardan mucho en comer, a veces hasta una hora y media. Las comidas se hacen interminables».

Si tus hijos tardan mucho en comer, probablemente sea porque los obligas a terminarse toda la comida del plato. No conozco a ningún pediatra que recomiende esto, y mi sentido común tampoco lo comprende. ¿Cómo puedo yo saber cuánto alimento necesita un cuerpo que no es el mío y que tiene necesidades diferentes a las mías? En mi familia usamos mucho la frase: «Escucha a tu cuerpo». La usamos cuando los niños no tienen hambre, cuando tienen sueño, cuando han comido demasiado, cuando están cansados. Nuestro cuerpo nos habla de las necesidades que tiene. Los adultos actuamos llevados por la educación que hemos recibido, en la que nuestros padres nos obligaban a terminarnos la comida del plato porque tal vez sus padres vivieron épocas de escasez donde era importante no desperdiciar ni una miga de pan.

Si quieres que tus hijos se terminen toda la comida del plato, deja que sean ellos quienes se sirvan y anímalos a que se sirvan poco. Si se quedan con hambre, podrán repetir.

No los obligues a comer de todo lo que hay en la mesa y no fuerces nunca a un niño (¡ni a un adulto!) a comer algo que no le gusta. Asegúrate de que al menos uno de los alimentos que les ofreces les resulta agradable y permíteles elegir qué comen de lo que has preparado. Si todo lo que sirves es sano, sabrás que tus hijos están comiendo bien, aunque en este momento de su vida no prueben algunos alimentos.

Si no los obligas a comer todo lo que les has servido y, aun así, tardan mucho en comer, mi recomendación es que determines el tiempo que van a durar vuestras comidas. Pueden ser treinta o cuarenta minutos. Díselo a tus hijos; si son pequeños, puedes comprar un reloj de arena de esa duración, así serán capaces de visualizar el tiempo del que disponen. Cuando pase el tiempo, os levantáis de la mesa y recogéis. Si alguno de los niños quiere seguir comiendo, puedes dejarlo cinco minutos más. Si les da igual, lo mejor es que des la comida por terminada para todos.

Lo que de verdad importa en las comidas

Curiosamente, lo menos importante en las comidas es la cantidad que se ingiere. Sí que importa, en cambio, que sea comida sana. La variedad es ideal, pero, si no se produce ahora mismo, no tienes que agobiarte, porque tus hijos cambiarán de etapa. Lo que de verdad importa es que conectéis y disfrutéis este rato en familia. Para ello, es imprescindible que apaguéis la tele y que no haya teléfonos móviles en la mesa, ya que esos aparatos impiden la conexión. De hecho, los móviles dificultan la conexión incluso cuando están apagados, porque estamos pendientes de ellos.

Si quieres que este momento sea aún más especial, puedes encender una vela cada día en el centro de la mesa; es una manera muy sencilla de subrayar la importancia y la belleza de esta reunión familiar diaria.

Come muy poco

Mari Luz: «Nuestras comidas son un infierno porque mi hija no quiere comer y estamos pendientes de que se meta una cucharada más en la boca. Cada bocado nos cuesta un mundo. Hay días enteros en los que nuestra niña no quiere comer. Si la dejáramos, no comería nada».

Te recomiendo que respetes la cantidad de comida que tu hija siente que necesita. Hay niños que se llenan con un garbanzo y otros que necesitan comerse el cocido entero. Cada cuerpo es diferente y es preciso respetar las necesidades particulares de cada uno. Si la niña está sana, tiene energía, vive una vida activa y la pediatra no está preocupada, dejadla que coma las cantidades que ella quiera y necesite. Cuando su cuerpo precise ingerir alimento, te aseguro que pedirá comida. No es cierto que no comería nada: tu hija está diseñada para sobrevivir, y comerá cuando lo necesite.

Es también importante que tu hija no detecte tu angustia, preocupación o enfado cuando no come lo que tú esperas. Las frustraciones emocionales y la necesidad de confrontación con los adultos pueden encontrar una salida muy efectiva con la comida, y se puede convertir en un campo de batalla. Así que no pelees con tu hijos para que coman más. No permitas que la comida sea una lucha entre vosotros.

Te invito a que te comprometas a dejar de hablar de comida durante la comida. Borra de tu discurso las frases como estas: «Venga, una cucharada más y te doy el postre», «Solo tres guisantes y te retiro el plato», «Pero ¡si no te has comido el filete!», «Todavía te faltan dos galletas. Vamos, termínatelas».

Cuando tu hija no come es porque no le gusta o porque ya se ha llenado (y hay niños que se llenan enseguida), y ninguna de estas dos situaciones es deliberada. Tu hija no elige que no le guste la coliflor ni tampoco elige llenarse enseguida. Tu hija está siguiendo los dictados de su cuerpo, y son estos dictados los que a ti te enervan y te hacen regañarla. En lugar de iniciar una confrontación con ella que va a teñir la comida de un montón de variables emocionales, respeta sus necesidades y convierte la comida en un momento de conexión. Insisto: si la niña está sana, tendrás que respetar que coma poco.

Hay niños con dificultades emocionales, y las manifiestan en la comida. Esto solo ocurre cuando la comida ya se ha convertido en un motivo de conflicto y los niños necesitan liberar la tensión que les produce que tú les controles lo que tienen que comer. Se rebelan, y entonces deciden no comer porque saben que eso va a provocar tu enfado. ¿Qué hacer en estos casos?

Lo primero, averigua de dónde viene el malestar. ¿Es porque le controlas lo que come? ¿Tiene necesidad de pasar más tiempo contigo? ¿Está ocurriendo algo en el colegio? Con mucha frecuencia nuestro malestar se expresa a través de la comida, porque, sin darnos cuenta, proyectamos en ella muchas de nuestras dificultades emocionales. Por eso es importante saber qué dificultad emocional tienen los niños. Una vez que lo hayas averiguado, podrás ayudarla con su dificultad, acompañarla para que no la viva sola y modificar aquello de tu conducta que esté produciendo esta resistencia a comer y estos enfrentamientos tan desagradables para todos.

Ya que tu hija está proyectando sus emociones en la comida, ¡no lo hagas tú! No te enfades si no come lo que tú esperas, no inicies enfrentamientos y evita cualquier comentario que tenga que ver con lo que come o deja de comer.

Convierte la comida en un momento para compartir y conectar. Alrededor de la mesa se pueden dar los momentos más íntimos y bonitos de vuestra convivencia. Decide de manera consciente que a partir de hoy vuestras reuniones en torno a la mesa van a ser para fortalecer el vínculo entre vosotros. Lo de menos es la cantidad de comida que los niños ingieran, porque tus hijos están sanos y porque su propio cuerpo sabe mejor que tú cuánto alimento necesita.

¿Es mejor que un niño coma mucho o coma poco?

La ciencia nos dice que quienes comen menos son más longevos. En mi casa no animamos nunca a los niños a que coman más y, si vemos que están comiendo demasiado o con ansiedad, los frenamos. Me sorprende ver a madres y padres a dieta que insisten a sus hijos en que coman más y se terminen toda la comida del plato cuando parece que los niños ya están llenos. Sin darse cuenta, están creando el camino para que estos niños, de adultos, tengan que estar a dieta también porque ingieren más alimentos de los que deberían. Si quieres que tus hijos tengan hábitos de alimentación saludables, no insistas nunca en que coman más de lo que su cuerpo les pide. Hacer lo contrario puede provocar desarreglos en la alimentación en el futuro, incluidos la bulimia, la anorexia, la obesidad o el sobrepeso.

Roba dulces

Rosa María: «Mi hija sabe que las chucherías solo se pueden comer los fines de semana, y siempre lo ha respetado. Pero desde hace unos meses roba a escondidas el chocolate y las golosinas que tenemos reservados para el fin de semana».

La regla de oro para que tus hijos no coman lo que tú no quieres que coman es no tenerlo en casa. Si solo permites que las chucherías se coman los fines de semana, te recomiendo que solo haya chucherías esos días.

Te recomiendo lo mismo para todos los productos que no quieres que sean de consumo habitual: zumos, bebidas azucaradas, bollería… Si los consumís de manera excepcional, ¡que no estén permanentemente en tu despensa! Son productos muy adictivos (están diseñados para incentivar su consumo) y para un niño es muy difícil no ceder a la tentación. Piensa en lo que te ocurre a ti cuando no quieres comer algo, pero, aun así, lo comes. ¡La tentación es muy fuerte! Si a ti, adulto, te cuesta contenerte, al cerebro tierno del niño le cuesta aún más.

No dejes sobre los hombros de tus hijos la responsabilidad de lo que comen o no comen: tú eres el responsable de su alimentación. Si has decidido que no van a comer chocolate a diario, no lo tengas en casa.

Cuando le pedí a mi madre que escondiera el chocolate

«En las épocas de exámenes en la universidad, era capaz de comerme dos tabletas de chocolate en cinco minutos. Eran muchas horas de estudio en casa, sentada y con la tensión de los exámenes. Después de comerme las dos tabletas me sentía fatal. De modo que le pedí a mi madre que, durante los exámenes, escondiera el chocolate. Lo hizo y dejé de comerlo. ¡No se me había ocurrido hacerlo con mis hijos! De ellos esperaba que se contuvieran. A partir de ahora esconderé las chuches y las sacaré solo el día que acordemos», Paula.

La alimentación sana empieza en la lista de la compra

Si tienes tendencia a comprar caprichos y alimentos poco saludables cuando estás en el supermercado, puede ayudarte hacer una lista de la compra y respetarla. Asegúrate de que en la lista solo hay alimentos sanos. Si aun así te resulta difícil ceñirte a la lista, puedes hacer la compra por internet; allí no tendrás la tentación a la vista.

Come demasiado

Marga: «Nuestro problema es el contrario. La niña come demasiado».

Cuando los niños comen demasiado hay que preguntarse, antes que nada, si comen por ansiedad. Si este es el caso, es importante averiguar qué le está pasando a tu hija. ¿Va todo bien el cole? ¿Hay un buen ambiente en casa? ¿Tiene estrés? ¿Pasáis suficiente tiempo con ella? ¿Tiene tiempo para jugar, aburrirse y leer a diario? ¿Vivís con tensión en vuestro día a día? ¿Es una niña feliz y contenta, satisfecha con la vida que tiene y con cómo es? Tu prioridad ahora es ayudar a esta niña a recuperar el equilibrio, averiguar qué le ocurre y abordar el problema de raíz. Si la niña tiene ansiedad, su dificultad con la comida es un síntoma, de modo que tu objetivo es abordar el problema real.

Si tu hija está alegre, tranquila y no tiene ansiedad, entonces tendrás que plantearte cambiar los hábitos de tu familia.

Primero, los alimentarios: elimina al máximo las comidas con azúcares, porque son adictivas (cereales del desayuno, yogures con sabores de frutas, galletas, bollería, chucherías, zumos, bebidas con gas, salsas ya preparadas) y evita también los picoteos que no sean sanos y que tengan ingredientes que inciten al consumo, como la sal o los potenciadores del sabor (patatas fritas, frutos secos con sal, galletas saladas con sal). Revisa también que no sirvas demasiada cantidad de comida y no obligues nunca a que se termine la comida que has servido.

Además, puedes ordenar las comidas y marcar unos horarios fijos que incluyan almuerzo a media mañana y merienda a media tarde. Intenta que los niños no tengan acceso a las comidas «ricas» (de picoteo). Puedes adelantarte a sus picos de hambre preparando bonitos platos con frutas cortadas, frutos secos, hortalizas crudas, palomitas hechas en casa sin mantequilla ni azúcar u otros alimentos que consideres sanos y no adictivos.

Debes transmitirles a tus hijos tus valores con respecto a la alimentación. Diles que habéis decidido dejar de utilizar mantequilla (o reservarla para ocasiones especiales) y que prefieres que entre horas coman productos sin harina. Explícales que comer bien es muy importante para estar sanos y que esta es una prioridad en vuestra familia. Sé consecuente y actúa tú de acuerdo con los valores que quieres que tus hijos aprendan.

Recuerda que no debes tener en casa ningún alimento que no quieras que tus hijos coman (ver cuadro de texto

«La alimentación sana empieza en la lista de la compra» de la pág. 208) y ten en cuenta que las excepciones deben estar claras para todos y ser realmente excepcionales.

Revisa también vuestro ocio: ¿os pasáis el día en casa y la niña se aburre? Comer es un gesto automático cuando nos aburrimos. Si mantienes a la niña entretenida, a ser posible al aire libre, es muy probable que coma menos.

Resumen del capítulo

- Lo más importante de la comida es la relación entre los comensales.
- Genera un clima agradable en las comidas.
- No hables de cuánto o qué comen los niños.
- No los obligues a terminarse la comida del plato.
- Sirve siempre comida sana y permite que los niños elijan qué y cuánto comen de lo que hay en la mesa.
- No te obsesiones: si el pediatra ve bien al niño, ¡no importa si come poco!
- Si tu hijo se mueve mucho, una mesa pequeña para comer puede ayudarlo.
- Si tarda mucho en terminar, no lo obligues a comer lo que no quiera y marca un tiempo para la comida.
- Descubre y trabaja las dificultades emocionales que estáis proyectando en la comida.

11.
Cuando los juegos terminan en desastre

Hay una etapa en la que los niños producen desastres: pintan las paredes de casa, llenan el baño de agua, deshacen una cama recién hecha, ensucian los cojines del salón al pisarlos… ¡Convierten la casa en un caos!

En realidad, los niños, en estas situaciones, no están haciendo nada malo: están jugando, y jugar es su principal actividad, la que les permitirá desarrollar muchas de las habilidades que necesitarán en su vida adulta: su impulso de aprendizaje, su instinto investigador, su creatividad, su curiosidad. Manipulan, experimentan, buscan soluciones a problemas, gestionan retos…

Me gustaría que interiorizaras esta frase y no la olvidaras nunca: «Cuando mis hijos juegan, no hacen nada malo. Jugar es su principal actividad».

Eso sí, si pintan las paredes, deshacen la cama que acabo de hacer, llenan el baño de agua…, ¡es mucho trabajo para el adulto! El verdadero problema no es que la niña pinte la pared, sino que a ti te toca pintarla de nuevo. No es que el niño llene el baño de agua, sino que a ti te toca secarlo. Por eso lo más respetuoso para todos es encontrar fórmulas para que los niños jueguen y experimenten sin que eso suponga una carga extra de trabajo para los adultos.

Desordena mucho la casa

> Marina: «Mi niño juega con los cojines del salón y los deja desordenados. No se lo permito, lo regaño, pero él vuelve a hacerlo. También se esconde y juega debajo de la ropa tendida en el tendedero, y siempre tengo que decirle que salga de ahí».

Siempre que tu hijo esté haciendo algo que te resulte irritante, pregúntate si lo que hace está realmente mal o si simplemente está jugando. Formula la pregunta con la máxima claridad posible: «¿Es malo para el desarrollo de mi hijo jugar con los cojines del salón? ¿Está haciendo algo perjudicial para él o para alguien de la familia? ¿Está agrediendo a alguien, a sí mismo o a algún objeto?». Y después añade: «¿Está mi hijo jugando?».

Si tu hijo está jugando sin perjudicar a nadie, no tienes que ponerte firme ni regañarlo. Recuerda: jugar sin hacer daño nunca es malo. De hecho, ¡siempre es bueno! Cuanto más jueguen tus hijos, y con cuanta más libertad, mejor.

Sin embargo, tendrás que establecer límites para que el juego no te resulte irritante y no te produzca malestar. Si valoras mucho los cojines del salón, puedes cambiarlos (o cambiar las fundas) por otros menos especiales para ti, que no te importe si se destrozan. ¡O puedes retirarlos! ¿Serás capaz de vivir cinco años sin cojines en el sofá si eso significa que tus hijos puedan moverse libremente y hacer las mejores cosas para ellos? Puedes también poner fundas en los sofás y retirar todos los objetos que temas que se pueden romper, desordenar o estropear si tus hijos los manipulan.

Si te irrita que tu hijo juegue entre la ropa tendida del tendedero, pregúntate por qué. ¿Qué mal está haciendo el niño? ¡El tendedero puede ser un mundo emocionante, con vericuetos y escondites, como un laberinto o una cabaña! Piensa en el placer y el disfrute de tu hijo y, si no hace nada malo, permítele hacerlo siempre que lo desee. Además, estará contigo mientras tiendes la ropa, te estará acompañando, y puedes convertir este rato en una ocasión para conectar con él.

Mientras tus hijos sean pequeños, tendrás que tolerar un cierto grado de desorden e imperfección. Recuerda que el bienestar emocional de tus hijos es mucho más importante que un salón siempre ordenado.

Una casa impecable no es lo que dará felicidad a tus hijos

«De mi infancia recuerdo los buenos momentos con mis padres y mis hermanos. No recuerdo lo ordenada que estaba mi casa», Marga.

Las personas son más importantes que las cosas

Cuando tenía cinco años, una de mis hijas dijo: «Las personas son más importantes que las cosas». Desde entonces seguimos utilizando esta frase con frecuencia en la familia, ya que nos parece muy acertada. Cuando tu hijo provoque un accidente, pregúntate si la pared que ha manchado o el vaso que ha roto son tan importantes como para justificar tus gritos, tus castigos, tu frustración o tu agresividad. O si, por el contrario, tu hijo es más importante que ese vaso roto y tu función como educador es enseñale a recoger, protegiendo sobre todo la autoestima y el equilibrio emocional del niño.

Moja el baño jugando con agua

Paula: «No puedo dejar a mi hijo solo en el baño. Abre el grifo, se pone a jugar con el agua, se empapa y lo deja todo mojado. Tengo que estar muy atenta para que no lo haga, me estresa mucho».

Tu hijo está jugando. No solo eso: también está experimentando. Es como un pequeño científico en un laboratorio. Jugar con agua es fascinante. También es un poco hipnótico, y probablemente tu hijo pueda pasar veinte minutos o media hora jugando él solo con agua. ¿Por qué no aprovechar este rato y hacer cosas para ti?

✻ Si no quieres que tu hijo se moje, ponle un chubasquero mientras dure su juego con agua. O, si te resulta más práctico, métalo directamente en la bañera con cacharros y juguetes. Puedes tener siempre un par de toallas viejas preparadas para cuando juegue con el grifo; extiéndelas en el suelo y absorberán el agua.

Cuando tu hijo esté muy centrado en una actividad, ¡aprovecha! Si sabes que hay algo que lo entretiene y para lo que no te necesita, ofrécele hacerlo y todos ganaréis tiempo de tranquilidad.

Pinta las paredes

Marta: «Mi hija, si me despisto, pinta las paredes, las sillas, la mesa… Ya le he dicho mil veces que no lo haga, y me entiende. También la he castigado. Pero, en cuanto me despisto, se pone a pintar de nuevo».

Cuando tu hija coge las pinturas y empieza a pintar en la pared, te aseguro que no está pensando: «¿Qué puedo hacer ahora para desobedecer a mis padres?». Tu hija ha visto las pinturas, que le encantan, y la pared. ¡Es una combinación perfecta! Es posible que una parte de su cerebro recuerde en ese momento la prohibición de pintar en la pared, pero esa parte del cerebro tiene mucha menos fuerza que otra, que le promete diversión y placer. La idea de pintar la pared es mucho más atractiva que la prohibición. Su cerebro le dice:

«¡Divertido, hazlo!», de modo que tu hija actúa. Y tú te enfadas por tres razones:

1. Porque te ha desobedecido.
2. Porque está destrozando la casa.
3. Porque te toca limpiar.

Establece límites, pero no lo hagas verbalmente porque tus palabras van a ser menos fuertes, como ya hemos visto, que la parte del cerebro que busca el placer inmediato. Así que establece límites reales: coloca las pinturas en un lugar al que tu hija no tenga acceso. Este gesto tan sencillo impedirá que ella vuelva a pintar las paredes. A partir de ahora, pintaréis juntas.

Puedes tener muchos materiales diferentes: ceras, lápices, pintura de dedos, acrílicos…, y puedes elegir cuándo ofreces a tu hija usarlos. Cuando lo hagas, prepara una zona de la casa para hacerlo y siéntate con ella a pintar. Tu presencia es el límite que tu hija necesita para no empezar a pintar muebles y paredes y la hará estar anclada en el lugar en el que es correcto pintar.

Compra un gran rollo de papel y ofrécele con frecuencia a tu hija la posibilidad de pintar en él. Saca las pinturas solo en esos momentos. Puedes forrar el suelo de papel de periódico para que, si se sale del rollo de papel, no estropee el suelo.

Pinta la parte baja de una pared de tu casa de color negro pizarra. Si no conoces estas pinturas, son como las de las pizarras negras de colegio. Compra tizas y permite a tu hijo que pinte en la pared negra todo lo que quiera.

Vacía los cajones

> Luis: «Mi hijo tiene dos años y vacía todos los cajones de la casa. Es un desastre».

Imagínate lo divertido que es para un niño tan pequeño cambiar la realidad del mundo: lo que estaba lleno ahora está vacío. Lo que estaba dentro ahora está fuera. Lo que estaba ordenado ahora está desordenado. ¡Es como un parque de atracciones para él! ¡O un laboratorio! Está manipulando objetos, experimentando texturas, pesos, volúmenes… Cuando tu hijo hace esto, no está haciendo nada malo: está experimentando y jugando, está satisfaciendo su curiosidad, aprendiendo y descubriendo el mundo.

Sin embargo, tú tienes una necesidad: que las cosas se queden en los cajones o te agotarás ordenando todo el desorden que el niño está creando.

Para solventarlo, puedes habilitar dos o tres cajones de la casa para que tu hijo pueda vaciarlos. Coloca en ellos objetos que le llamen la atención. En mi familia mis hijos jugaban con los objetos en los armarios bajos de la cocina, en los que colocamos cazuelas y utensilios de madera. Les encantaba

manipularlos, y lo hacían mientras uno de los adultos coci-
naba o limpiaba en la cocina.

Tienes que enseñar a tu hijo a guardarlos de nuevo. Este
es un aprendizaje importante y, si lo haces bien, puede ser
tan entretenido para tu hijo como vaciar el cajón, aunque
no obtendrás el mismo orden ni la misma organización que
tú tendrías en ese cajón. Probablemente tengas que ordenar
con él, porque él solo no va a querer hacerlo. Para que le resulte más sencillo, puedes explicarle que a la cazuela no le
gusta nada dormir en el suelo, sino que le gusta dormir en
su armario (ver cuadro de texto «Nombra el objeto, no al
niño» de la pág. 225). Por último, tienes que mostrarle a tu
hijo qué cajones puede vaciar y cuáles no. Tiene que ser un
mensaje claro que él comprenda.

Dibuja unas caras simpáticas en un papel y pégalas en
los cajones que tu hijo puede abrir y luego dibuja y pega unas
caras antipáticas en los cajones que no quieres que abra. Explícale que a los primeros cajones les encanta que los vacíen,
pero que a los otros no. Deja las pegatinas hasta que a tu hijo
se le pase la fase de abrir cajones; no es una fase muy larga, se
le va a pasar antes de lo que imaginas.

Corren dentro de casa

Beatriz: «Mis dos hijos son buenos, no me quejo de
nada. Pero, cuando se ponen a correr en casa o a jugar

a pillar entre ellos, arman un escándalo…, y pasa todos los días. Primero les digo que paren educadamente, pero no me hacen caso. Hasta que grito, me enfado y mando a cada uno a su habitación, no paran. ¿De qué otra manera puedo hacerlo?».

Me gustaría que comprendieras las necesidades y las motivaciones de tus hijos. Necesitan moverse. ¿Es posible salir de casa para que tengan una actividad motriz? ¿Podéis deteneros en el parque a la salida del colegio? ¿Podéis ir del colegio a casa saltando a la comba, en bici o jugando al pillapilla? Así estarán satisfaciendo su necesidad de juego activo.

Si tienes jardín, puedes enviarlos al jardín a jugar, o a la terraza. Puedes ir con ellos a la calle y dar una vuelta a la manzana corriendo, quizá jugando todos a pillar. Explícales que este es su rato de correr, saltar y moverse a tope, porque en casa tendrán que estar más tranquilos.

En todo momento recuerda que, aunque a ti o a los vecinos os moleste la actividad de los niños, ellos no hacen nada malo. Por eso lo mejor es ofrecerles una alternativa sin enfadarte con ellos.

Si no podéis salir de casa, prepara alguna actividad que pueda entretenerles, como manualidades, juegos de mesa… En mi casa somos todos grandes lectores y nunca faltan libros para los niños. Cuando leen, la casa está tranquilísima.

✴ Puedes poner en un rincón de tu casa un suelo tipo tatami o un colchón para que los niños salten sin molestar a los vecinos de abajo.

✴ En nuestra casa no faltan los balones blandos de espuma. También jugamos con globos: los pasamos de un lado al otro del sofá con la intención de que no toquen el suelo. Son silenciosos y permiten jugar en casa con movimiento y sin mucho ruido.

✴ Si necesitas que tus hijos dejen de correr, ayúdalos ofreciéndoles actividades entretenidas. A nosotros siempre nos ha ayudado cocinar juntos (la masa de galletas que hacemos es muy modelable y los niños pueden estar un buen rato diseñando formas).

✴ A veces los niños se aceleran porque sienten una especie de claustrofobia y necesitan un cambio de aires. Si no puedes sacarlos de casa, puedes prepararles un baño o convencerlos para que se duchen. Una bañera con agua caliente y juguetes es un gran cambio de aires que puede devolverles la tranquilidad que han perdido.

✴ Una manera no agresiva de pedir a tus hijos que no corran dentro de casa (o en el aula, si eres profesor) es preguntarles, antes de entrar, si se han puesto ya los pies de estar por casa. Y, al salir, puedes decirles que ya pueden ponerse los pies de correr y saltar.

Mi hija rompió el plástico de la lavadora con una sierra

«Mi hija de doce años estaba haciendo marquetería y apoyó una pieza de madera en la lavadora para cortarla. Cortó la madera... ¡y el plástico de la lavadora! No se dio cuenta. Nuestra casa es de alquiler, así que, aunque la lavadora funcionaba perfectamente, tuvimos que cambiar la pieza. Sin embargo, no regañé a la niña como habría hecho antes. Entendí que no se había dado cuenta. Me ayudó a buscar la pieza en internet y a cambiarla. Estoy seguro de que fue mucho más educativo que las broncas que le echaba antes. Además, lo pasamos bien juntos haciéndolo. Después de eso también buscamos juntos un lugar seguro para cortar sus piezas de madera», Alonso.

Resumen del capítulo

- Recuerda que, cuando tu hijo juega, está haciendo lo más importante que tiene que hacer.

- Los juegos que terminan en desastre no son una agresión contra ti. ¡No te enfades!

- Establece límites para que los juegos no terminen en desastre.

- Acompaña a tus hijos cuando estén jugando en situaciones que pueden acabar mal.

- Incentiva siempre el juego de tus hijos y la experimentación, creando oportunidades.

12.
Accidentes

En este capítulo quiero hablar de acciones totalmente accidentales que los niños hacen sin querer y que en muchas ocasiones a los adultos nos irritan. Y cuando nos irritamos se acciona la parte de nuestro cerebro irracional que hace que reaccionemos ante un accidente como si nos estuvieran agrediendo: atacamos nosotros. De manera que, cuando a nuestro hijo se le cae algo de las manos, se mancha, se cae o rompe algo, lo regañamos como si nos estuviera agrediendo.

Me gustaría que a partir de ahora dejaras de actuar con dureza cuando tus hijos tienen un accidente, ya que tu reacción va a hacerlos sentir inseguros y eso no facilitará que la próxima vez tengan más cuidado. Enseñar a partir del miedo genera inseguridad, baja autoestima, rencor, sensación de injusticia…, no ayuda a que el niño interiorice la conducta positiva y nunca nunca es beneficioso.

Se mancha mucho al comer

> Lola: «Mi problema no es con mis hijos, sino con mi marido. Se pone muy duro con los niños cuando se manchan comiendo. Por mucho que yo le digo que no es para tanto, no puede evitarlo».

Entiendo bien al padre: probablemente está siguiendo un patrón que aprendió en su infancia, es fácil imaginar que a él también lo regañaban mucho si se manchaba. Por otro lado, la ropa sucia es una tarea más: más lavadoras, más plancha, más ropa que doblar y colocar…

Idealmente, los niños no se mancharían a la hora de comer, pero, si lo hacen, por favor, ¡no los regañes! Es más importante que les enseñes cómo comer para no ensuciarse. Observa cómo comen tus hijos. ¿Se llenan demasiado la cuchara? ¿Se sientan lejos de la mesa? Indícales cómo deberían hacerlo para no mancharse tanto, pero no te obsesiones. He estado como invitada en comidas donde los padres estaban constantemente indicando a los hijos cómo tenían que comportarse: ponte recto, coge bien la cuchara, mastica, límpiate. A mí me resulta durísimo. La comida (y la cena, y el desayuno) es uno de los momentos más importantes del día para fortalecer los vínculos familiares, y estos vínculos tienen mucha más importancia que una camiseta limpia. Aprovecha el rato alrededor de la mesa para conectar y disfrutar.

Piensa que los niños están usando unas herramientas, los cubiertos, con las que no están tan familiarizados como tú y que su coordinación también es menos precisa que la tuya. Para ellos, comer con pulcritud es más complicado que para ti. No pienses tanto en el presente como en el futuro: tus hijos comerán bien, como casi todo el mundo, cuando sean adultos. Tú les estás enseñando cómo hacerlo, aunque ahora mismo les resulte aún difícil.

Podéis hacer un reto de cinco días para no manchar la ropa en la comida. En un calendario, dibujad una mancha en los días que la ropa se ha manchado, y en los días en que no se ha manchado, dibujaos todos con caras contentas. ¡Sin obsesionaros! No pasa nada si los niños se siguen manchando.

Nombra el objeto, no al niño

En ocasiones corregimos tantas veces a los niños que al final sienten que no hacen nada bien. Por eso a mí me gusta hablar del objeto o de la acción sin nombrar al niño. Hubo una temporada en la que uno de mis hijos se ensuciaba la camiseta al comer. En lugar de decirle todos los días: «Hoy no te manches al comer», le decíamos: «No des de comer a la camiseta, no le gustan nada las lentejas». Si la camiseta se manchaba, le decíamos: «¡Pues parece que sí que tenía hambre hoy tu camiseta!». El niño interiorizó el mensaje, su autoestima se mantuvo fuerte y en unas semanas dejó de dar de comer a la camiseta.

Usa esta herramienta siempre que puedas; si ves una chaqueta en el suelo, señala la chaqueta y exclama: «¡Socorro, una chaqueta en el suelo y soy alérgica!». Si pone los zapatos en el sofá, di: «No puede haber zapatos en el sofá». Cuanto menos menciones a tus hijos cuando los corriges, ¡mejor!

Se le caen las cosas de las manos

Ángela y César: «Nuestra hija mayor es torpe. Ya sé que no está bien etiquetar, pero es que la niña es torpe. Se le caen las cosas, a veces se le rompen, y no hay forma de que esté más atenta por mucho que se lo digamos».

En efecto, lo primero que tienes que hacer es no etiquetar a tu hija, ni en alto ni en bajo. Porque muchas veces no decimos las cosas, pero las pensamos, y, al pensarlas, nos comportamos indicando al niño la etiqueta. De manera que cuando pienses: «Qué torpe es esta niña», te comportarás como lo harías delante de una niña torpe. Y ella recibirá tu etiqueta incluso aunque no pronuncies la palabra «torpe». En estos casos, imagínate dentro de tu cabeza una escoba barriendo esa frase y haciéndola desaparecer. Buscar una frase sustitutiva puede ayudarte. Tal vez pueda ser una como esta: «En esta fase de su vida, mi hija tiene dificultades para manipular objetos con cuidado. Voy a ayudarla a que manipular objetos sea más sencillo para ella».

También te animo a que no regañes a la niña cuando tira o rompe algo sin querer. Sé que cuando ya lleva tres vasos rotos en una semana es difícil no reaccionar, pero ¡muérdete la lengua! Tu hija no elige romper vasos y para ella también debe ser frustrante cada vez que lo hace. Así que regañarla aumentará su dificultad, pues con tu reacción se sentirá incapaz de no romper cosas, y esta es la información que enviará a su cerebro.

Tu mejor aliada es la anticipación. Cuando veas a tu hija manipulando uno de los objetos que suelen caérsele, tienes que prepararla para que sea cuidadosa. Nunca digas: «Ten cuidado, que no se te caiga», pues, aunque parezca mentira, esa frase es casi una orden directa para que el objeto se le caiga, ya que la información que su cerebro recibe es: «Este objeto se cae».

En su lugar, da siempre la instrucción en positivo, indicando a tu hija exactamente lo que quieres que haga, de manera precisa. Por ejemplo: «Cogemos el plato con las dos manos» o «Andamos despacio cuando llevamos un plato en las manos». Tampoco deberías decir: «¡No corras con el plato en la mano!», porque su cabeza va a oír «correr» y sus pies…, ya sabes lo que van a hacer.

✳ Si ves un vaso en el borde de la mesa, puedes referirte al vaso diciendo: «¡Uy, pobre vaso! No le gusta nada estar en el borde de la mesa, le da miedo caerse. Le gusta más estar en el centro de la mesa». Las siguientes veces puedes decir simplemente: «A tu vaso le gusta más estar en el centro de la mesa». Recuerda que los niños no separan los mundos animados e inanimados como lo hacemos nosotros; para ellos es normal pensar en el vaso como un objeto temeroso de estar en el borde. Cuando los niños sean más mayores podrás decir simplemente: «El vaso, al centro».

✳ Si se vuelca un vaso de agua en la mesa, puedes usar una expresión simpática como «¡inundación!» o «¡atención, está lloviendo!». Si se rompe un plato, puedes decir: «Adiós, plato querido». Para recoger trozos de un objeto roto o para secar algo derramado, puedes decir: «¡Operación limpieza, todos a sus puestos!» o «Trabajo en equipo, vamos a recoger».

✳ Si tu hija está andando con algo delicado en las manos, puedes decirle que se ponga los pies de andar despacio, porque son los pies que nos ponemos cuando llevamos algo en las manos.

Los tenedores saltarines

«Regañábamos a mi hijo porque en la mesa siempre se le caía el tenedor, hasta que hicimos algo que nos dijo Amaya. Al sentarnos a la mesa, nos preguntábamos a quién le tocaría el tenedor saltarín. Cuando a mi hijo se le caía el cubierto, le decíamos: "Vaya, hoy también te ha tocado el tenedor saltarín", y no volvimos a regañarlo. A las pocas semanas, el tenedor dejó de caerse», Magda.

Me da miedo que se caiga

Juan: «Reconozco que tengo miedo de que mi hijo se caiga. Soy de los que siempre dicen: "Cuidado, que te vas a caer". Y, si se cae, me enfado con él y a veces incluso le doy un azote. Es lo que hacían mis padres».

Los niños tienen que correr, saltar, trepar, explorar, moverse… En realidad, la mayoría de las cosas que hacen son seguras. Correr es seguro. Saltar es seguro. Trepar es casi siempre seguro. Hacer equilibrio también. Estamos diseñados para hacer todas estas cosas. Los niños pequeños, cuando aprenden, se caen, ¡y es parte del aprendizaje! Cuando enseñé a mis hijos a patinar, les dije que se iban a caer mucho y que algunas de las caídas les dolerían, ¡porque las caídas patinando son dolorosas! Cuando aprendieron a montar en bici, les conté las caídas más gordas que yo había tenido en mi infancia y les enseñé la cicatriz que aún tengo en la rodilla.

Es importante que permitas que tus hijos hagan cosas difíciles y asuman riesgos. Cada vez que lo hacen están construyendo su autonomía, están aprendiendo, adquiriendo habilidades y desarrollándose.

A mis alumnos los invito a plantearse estas tres preguntas cuando sienten que sus hijos están haciendo algo peligroso:

1. ¿Qué es lo peor que puede pasar si las cosas no salen bien?
2. ¿Hay otros niños de su edad haciéndolo?
3. ¿Puede hacerlo solo?

Muchas veces el mayor peligro al que se enfrenta un niño es una caída. Hay caídas malas, pero en muchas ocasiones impedimos a nuestros hijos que hagan cosas por temor a un par de heridas en la rodilla. Si tu respuesta a la primera pregunta es que lo peor que puede ocurrirle es romperse un brazo, ¡deja que lo haga! Un brazo roto se recupera en seis semanas. La inseguridad que generamos cuando hacemos ver a los niños que acciones tan naturales como correr o trepar son peligrosas puede no recuperarse en una vida entera. Si quieres que tu hijo se sienta seguro en el mundo, no le hagas sentir que no es capaz de asumir riesgos.

Si no tienes claro si una actividad es o no peligrosa para el niño, observa lo que ocurre a su alrededor. ¿Todos los niños que la están haciendo son tres años mayores que él? Entonces tal vez no esté preparado para hacerlo. ¿Son más o menos de su tamaño y edad? Entonces lo más normal es que sí que pueda hacerlo.

Por último, puedes preguntarte si es capaz de hacerlo solo. Si tu hijo necesita tu ayuda para trepar muy alto en una estructura del parque, no será capaz de bajar solo y puede tener más dificultades. Tal vez esa estructura es demasiado grande para él. Pero, si el niño lo hace solo, su cuerpo está preparado para manejarse en esa estructura con seguridad, incluso si a ti te parece peligroso.

Cuando se pueden caer

«En el camino de vuelta a casa pasamos junto a un murete bajo que separa un parque de una calle con coches. Mi hija siempre ha querido hacerlo sola, pero yo me empeñaba en darle la mano porque me daba miedo. El otro día, en lugar de obligarla a darme la mano, le dije que no se distrajera y que, si sentía que perdía el equilibrio, saltara hacia el lado del parque. Es la primera vez que la dejo ir sola. En realidad, podía haberla dejado hace mucho tiempo, pero no me atrevía. Ahora he comprendido que ella estaba preparada y yo la

estaba frenando. Tenías que haber visto su cara de satisfacción cuando llegó sola al final del murete», José.

Elijo no mirar

Cuando mis hijos hacen algo que a mí me da miedo, pero creo que son capaces de hacerlo, elijo no mirar. Porque, si los miro, lo pasaré mal y tal vez termine diciéndoles que dejen de hacerlo. A veces calculo los porcentajes que hay de que se produzca un accidente y siempre concluyo que la probabilidad de que se caigan es mucho menor a la de que no se caigan. Por eso les permito seguir, pero mirando hacia otro lado. Cuando me gritan: «¡Mamá, mira!», los miro un segundo y les digo: «Prefiero no mirar, me asusta veros ahí, pero veo que vosotros os sentís seguros».

Ya no grito a mi hija si se cae

«Antes, cuando mi hija se caía de un sitio un poco alto o de la bici, me ponía tan nerviosa que le gritaba mucho. Le decía cosas como: "Pero ¿es que no eres capaz de pensar que eso no puedes hacerlo, que es peligroso? ¿Es que tengo que estar vigilándote todo el rato?". La niña se había hecho daño y heridas y lloraba, y yo, en lugar de ayudarla, la hacía sentir peor. Ahora he comprendido que lo que ella necesita en esos momentos es que yo la atienda y la cuide. El otro día fuimos a la nieve con un trineo y se lanzó por una cuesta muy empinada, se cayó y se hizo heridas. Fui corriendo hacia ella y por primera vez no la regañé. La abracé, le miré las heridas de la mano y me aseguré de que estaba bien. Se tranquilizó

enseguida, porque yo supe ayudarla. De vuelta a casa, en el coche, estuvimos hablando de cómo valorar si una cuesta es demasiado empinada para lanzarse en trineo. Estoy segura de que la próxima vez tomará una decisión más acertada. Con mi empatía, mi amor y mi tranquilidad no solo he logrado conectar con mi hija y que no lo pasara mal, sino que también le he enseñado a hacerlo mejor la próxima vez. Estoy superorgullosa de mi actuación», María.

Resumen del capítulo

- Un accidente no es deliberado. Nadie se merece una regañina por algo que hace sin querer.
- Enseña a tus hijos a prevenir accidentes y a ser cuidadosos.
- Tras un accidente, los niños necesitan cariño y reparar el daño si se puede.
- No hagas sentir culpables a tus hijos tras un accidente.

13.
Espacios y situaciones poco habituales

En este capítulo he incluido situaciones que para ti son muy normales (un desplazamiento en coche) o muy ilusionantes (un cumpleaños), pero que a tu hijo pueden hacérsele difíciles. Estas situaciones pueden resultarte complicadas de gestionar porque tú tienes la expectativa de que sean fáciles y agradables y no comprendes por qué tu hijo se empeña en hacerlas difíciles. Borra tus expectativas: no te ayudan. Tu hijo lo hace como puede, y vuestra realidad es que estas situaciones las maneja mal. Tu función es acompañarlo para que sean más sencillas para él, porque así serán más sencillas para todos.

En el coche

Azucena: «Nosotros vamos en coche todos los días diez minutos al cole, y diez de vuelta. Los fines de semana hacemos alguna excursión o vamos a casa de mis padres, que viven a media hora de nosotros. Pues siempre siempre tenemos problemas en el trayecto, tanto si es corto como si es largo».

Durante un trayecto en coche es muy posible que los niños se sientan encerrados. Están sin libertad de movimientos, a veces durante bastante tiempo. Piensa que lo que para ti es un trayecto corto a ellos puede hacérseles larguísimo; el ser humano no está diseñado para pasar ratos inmovilizado en una silla. Esos veinte minutos que a ti se te pasan volando para tu hija pueden ser una eternidad; ella no sabe anticipar cuánto durará el trayecto porque vive en el presente y no tiene la concepción del tiempo que tenemos los adultos. Tu hija se ve atada e inmovilizada, y eso le genera mucha tensión.

Están incómodos y la tensión crece. Si tienes más de un hijo, una salida es pelear entre ellos. Los adultos no soportamos los gritos, que en el coche parecen más altos, y, además, tenemos que concentrarnos en la carretera. Es muy frecuente que todos, incluidos los padres, nos pongamos nerviosos y terminemos gritando.

Yo te recomiendo que, si tus hijos son de los que lo pasan mal en el coche, minimices los trayectos. ¿Puedes ir en autobús, aunque sea un poco más largo? Elige el autobús, o el tren. ¿Puedes elegir entre un destino más cercano y otro más lejano? Elige el más cercano.

Si hay dos adultos en el coche, ayudará si uno de ellos se sienta atrás, en medio de los niños, pues será una presencia tranquilizadora que los apaciguará.

También te recomiendo que siempre que puedas elijas las horas en las que viajar: si puedes, hazlo en horarios en los que sepas que tus hijos se van a quedar fácilmente dormidos o en los momentos del día en los que estén más relajados.

Contempla asimismo la opción de hacer más paradas de las que harías sin niños, ya que dejar que corran un poco puede calmarlos y reequilibrarlos. Planea tu viaje sabiendo que probablemente sea más largo (o bastante más largo) de lo que sería sin niños.

Llevar algo de comer durante el viaje es una buena distracción, y puede ser sana. Te sugiero que lleves frutos secos, hortalizas crudas (zanahorias, apio, coliflor o pimiento rojo), trocitos de queso o fruta. Y no olvides el agua. Cuanto más preparado estés para el viaje, mejor.

Esta situación no va a durar para siempre, ten presente que dentro de unos años los viajes en coche no serán un problema.

Es muy útil tener ideas para entretener a los niños durante el trayecto. Con niños muy pequeños las dos actividades estrella son las canciones y los cuentos. Es posible que tengas que cantar la misma canción durante media hora o contar el mismo cuento una y otra vez. ¡No pasa nada! Así funciona la mente de los niños. Ten paciencia y acepta tu propio aburrimiento, es mucho mejor que una batalla dentro del coche. Yo te recomiendo que seas tú quien cante con ellos y que seas tú quien les cuente las historias. Los audiolibros y la música grabada pueden tener demasiados estímulos para los niños, y lo que necesitáis en el coche es un ambiente de poca intensidad. Pero, si las grabaciones te funcionan, úsalas.

Yo prefiero los audiolibros a las películas y los videojuegos, porque desarrollan la imaginación, la atención y generalmente son más complejos y ricos en vocabulario.

Con niños pequeños, podéis jugar al veoveo de colores: «Veo veo una cosita de color…». También podéis contar números, ¡a los niños les encantan los números! Del uno al diez, o al veinte, o al cien, dependiendo de la edad de los niños. Podéis identificar coches de un color determinado: «Vamos a ver si nos encontramos con un coche verde», por ejemplo.

A medida que los niños crezcan, puedes aumentar la dificultad y complejidad de los juegos. Podréis jugar al veoveo cada vez más difícil. Nosotros contamos historias entre todos: uno empieza con una frase, después el siguiente añade otra, y así hasta que la historia llega a un final. ¿Conoces el juego de las palabras encadenadas? Yo digo una palabra y el siguiente tiene que decir una palabra que empiece por la última sílaba (yo digo «casa», el siguiente dice «saco», el siguiente «coche», etcétera). A mis hijos también les gusta que les preguntemos las capitales de países y hacer operaciones matemáticas adaptadas a su edad. Otro juego popular en nuestros viajes consiste en sumar puntos cada vez que adelantamos un coche y restar cada vez que nos adelantan.

Reuniones familiares

Ángela María: «Mi hijo es buenísimo y muy cariñoso. Quiere mucho a sus primos y a sus tíos. Pero, cuando nos reunimos todos en casa de mi madre, no se separa de mí en todo el día y llora por todo. ¿Qué le pasa? ¿Por qué actúa así? Cuando mis hermanos y sobrinos vienen a casa, le encanta estar con ellos».

Una de las situaciones especiales que más disfrutan los niños son, con frecuencia, las reuniones familiares y los cumpleaños. Hay mucha gente que les presta atención, comida rica, actividades divertidas…, ¡es estupendo! Aun así, muchos niños se comportan como no lo hacen normalmente: se pegan a sus padres, pelean, lloran sin razón aparente…

Para los padres es desagradable por varias razones: la primera, porque nos sentimos juzgados. De hecho, con frecuencia nos defendemos (incluso antes de que nadie nos diga nada) explicando que el niño normalmente no se comporta así. La segunda razón es que nosotros querríamos estar tranquilamente con los otros adultos mientras el niño juega con los primos o los amigos. Cuando nuestras expectativas no se ven satisfechas, nos frustramos y nos enfadamos con facilidad. La tercera razón es que no comprendemos este comportamiento. ¡Si al niño le encanta estar con ellos! ¡Si estaba emocionado! ¿Por qué de pronto no se separa de mí y llora por todo?

Tu hijo no elige comportarse así en la reunión. Lo que

ocurre es que está fuera de su ámbito y, además, está recibiendo demasiados estímulos: hay demasiada gente a su alrededor, demasiadas interacciones, demasiadas voces, demasiado movimiento…, y todo esto en un entorno que no es el ambiente seguro de su casa. Tantos estímulos lo sobrepasan y su cerebro, que no es capaz de procesarlos, se bloquea y responde de dos maneras: o explota (con agresividad o lloros) o busca un entorno seguro donde se sienta protegido (contigo).

Te recomiendo que programes «escapadas» de veinte minutos con el niño, una cada hora. Id juntos (o con uno o dos niños) a una habitación tranquila; también podéis salir a la calle un rato. Es cierto que tú vas a perderte parte de la reunión, pero tal vez esto sea preferible a estar atendiendo a un niño que lo pasa mal durante toda la tarde.

Desde que acepto que los cumpleaños son difíciles, todo es más sencillo

«Gracias por hacer que me diera cuenta de que la niña necesitaba tiempo para soltarse en los cumpleaños. Ya no la presiono y las dos estamos mucho mejor. Mi cambio de expectativas es lo que nos ha ayudado», Rosalynd.

Cumpleaños de sus amigos

Álvaro: «Nuestro hijo de cinco años no se separa de nosotros en los cumpleaños. No juega con los otros niños, que son sus compañeros de clase. Cuanto más le insistimos para que juegue, más fuerte se agarra a nosotros. Solo al final del cumpleaños se anima a separarse e ir a jugar».

Imagínate la dificultad de este niño: está ilusionadísimo porque lo han invitado a un cumpleaños al que van todos los niños de su clase; ha alimentado unas expectativas de diversión. Y, cuando llega al cumpleaños, se bloquea y no es capaz de separarse de los adultos. ¡No se siente seguro! Su malestar se acrecienta cuando los adultos lo empujan a que haga algo para lo que no se siente preparado, y este malestar es paralizante.

Tal vez te ayude imaginar que, en esta situación, tu hijo se siente como si estuviera en el borde de un precipicio. Tú sabes que no es así: es solo un escalón y, si el niño saltara, el salto sería pequeño porque el escalón está muy cerca. Pero él no ve el escalón y siente que, si salta, se mata. Si el adulto empuja a este niño, él reaccionará agarrándose más al adulto. «¡No puedo soltarme de ti, ahí hay un precipicio!». La única manera de que se atreva a saltar es ofreciéndole tu mano para que se asome y vea que ahí solo hay un escalón que puede bajar.

Te recomiendo que anticipes la dificultad del niño. Antes de ir al cumpleaños puedes decirle: «Me encanta verte tan ilusionado con el cumple de tu amiga. Ya sabes que a veces necesitas un rato antes de animarte a jugar con los otros niños. Yo estaré a tu lado hasta que estés preparado, y, si lo necesitas, te acompañaré y estaré a tu lado mientras juegas». Cuando lleguéis al cumpleaños, díselo de nuevo. Y durante el cumpleaños puedes preguntarle varias veces: «¿Estás preparado para ir a jugar? ¿Qué te parece si vamos los dos juntos?».

Si actúas de este modo, estarás siendo profundamente respetuoso con la dificultad del niño; en lugar de empujarlo al precipicio, le estarás ofreciendo tu mano, y no lo estarás sobreprotegiendo, sino que, al contrario, lo estarás animando a que se separe de ti de la mejor manera posible: desde su seguridad.

En los restaurantes

Ainhoa y Manuel: «Mis hijos se portan fatal en los restaurantes. Gritan mucho, se levantan… En casa comen bien, pero en los restaurantes se portan tan mal que nos avergüenzan».

Los restaurantes no son sitios fáciles para los niños: hay mucha gente, mucho ruido y no tienen la libertad de movimientos que tienen en casa. Los tiempos de espera son más largos de lo normal y los adultos solemos hacer sobremesas también largas que los obligan a estar sentados sin poder hacer gran cosa durante mucho rato.

Mi primer consejo es el siguiente: si podéis, id a los restaurantes sin los niños. Sé que para muchos adultos la manera de pasar un día especial es en un restaurante, y te recomiendo que lo sigas haciendo cuando solo estés con otros adultos. Con tus hijos puedes marcar los días especiales comiendo algo rico en casa, haciendo un pícnic, yendo a un parque nuevo o pidiendo comida a domicilio. Si vais al restaurante para disfrutar y la comida se convierte en una pesadilla, es mejor que no lo hagáis. Algún día tus hijos estarán preparados para hacerlo y podréis ir con ellos.

Si, a pesar de todo, queréis ir a un restaurante, elegid uno que tenga espacio al aire libre donde los niños puedan jugar a gusto.

Finalmente, si no os queda más remedio que ir a un restaurante cerrado donde prevéis que vuestros hijos se pondrán nerviosos y se alterarán, te recomiendo que periódicamente los saques del espacio para que puedan correr un poco en la calle y desfogarse. Tus hijos son motrices y necesitan moverse; si no lo hacen, se desajustan y empiezan a comportarse como a ti no te gusta.

✳ Unas pinturas y papel son estupendos compañeros cuando vais a un restaurante, así como otros juguetes pequeños, como un muñeco, libros o cuentos. Incluso si no permites que tus hijos jueguen o lean cuando estáis comiendo en casa, la situación en el restaurante es excepcional.

¿Está bien que usen las pantallas
mientras comemos en el restaurante?

Para muchos padres es tentador enchufar a los niños a la pantalla durante la comida en el restaurante. Les ponemos los videojuegos o una película y no dan nada de guerra. ¡Es fabuloso! Así logramos que los niños no molesten y los adultos podemos comer tranquilos. Lo que ocurre es que nuestra misión como padres no es estar tranquilos, sino educar.

Llevar a nuestros hijos a un restaurante cuando están preparados para ello es una excelente oportunidad de aprendizaje. Y, si enchufo a mis hijos a una pantalla, les estoy impidiendo llevar a cabo ese aprendizaje: les impido aprender a esperar, les impido aprender a disfrutar de la parte social de la comida, les impido aprender a manejar las emociones a veces complejas que surgen durante la comida, les impido aprender a comportarse en una situación que probablemente se repita en el futuro. Además, si los niños comen frente a una pantalla, no son conscientes de lo que comen, no disfrutan de los sabores y no controlan la ingesta de alimentos. Comer frente a una pantalla nunca es aconsejable. ¡Nunca!

Si llevas a tus hijos a un restaurante es para compartir ese momento con ellos. Si están enchufados a una pantalla, no vais a compartir nada. En ese caso, te recomiendo que no los lleves al restaurante.

Resumen del capítulo

• Acepta que a tu hija algunas situaciones le resultan difíciles.

• Su comportamiento no es contra ti: es una expresión de su dificultad.

• Tu objetivo es hacer que estas situaciones se hagan más sencillas adaptándote a sus necesidades.

Amor visible

De los cientos de adultos que han conseguido construir una familia en armonía he aprendido algo, y es que lo más importante para lograr el cambio es la transformación del adulto en cinco áreas:

- Pasar de centrarme en la conducta del niño a centrarme en construir un buen vínculo con él.
- Pasar de actuar regañando ante las equivocaciones a actuar siendo un guía que acompaña y muestra el camino que seguir.
- Pasar de considerar a la niña una enemiga a la que debo vencer a verla como una niña que necesita ayuda para superar sus dificultades.
- Pasar del lenguaje basado en la hostilidad (gritos, castigos, amenazas, chantajes y premios) a un lenguaje basado en la conexión y la alegría.
- Pasar de una vida en la que las prioridades son externas a una vida en la que se priorizan las necesidades emocionales de todos, incluidas las mías.

Quien consigue cambiar su actitud en estas cinco facetas está en realidad haciendo una sola cosa: está colocando el amor en el centro de las relaciones familiares. Amor visible, amor espeso, amor que se nota sobre todo en los momentos de dificultad. Porque amar a nuestros hijos no es suficiente: es necesario que ellos lo noten, especialmente durante las crisis (porque cuando estamos todos tiernos y cariñosos es muy fácil que nuestro amor sea visible).

Estos cambios no vienen solos: hay que trabajar y, en mi opinión, es una responsabilidad de todos los adultos que tenemos niños a nuestro cargo. Porque hoy sabemos muy bien que el amor y el respeto profundo de los adultos son necesarios para que los niños se desarrollen de la mejor manera posible.

He aprendido que es muy difícil que una persona logre estos cambios sola. Digo muy difícil por prudencia, si bien mi inclinación me llevaría a decir imposible. Es necesario buscar ayuda, encontrar herramientas, saber cómo actuar cuando las cosas no van bien. Por eso he escrito este libro: porque sé que tú, si has llegado hasta aquí, necesitabas estrategias y recursos para manejar desde el amor vuestros conflictos cotidianos.

Quiero pedirte algo: comprométete. A partir de hoy toma la determinación de relacionarte con tus hijos desde el amor visible. Esta frase puede ayudarte: «Cada día, siempre que tenga la oportunidad, y sobre todo en los momentos más difíciles, elijo tratar a mis hijos con amor y respeto profundo». Repítela entre cinco y diez veces al día. Ponte alarmas para no olvidarte de hacerlo. Y cree en el poder de transformación que tienen tus actos: tu cambio supondrá un cambio en toda la familia.

Espero que este nuevo camino que has emprendido forme parte de ti para siempre. Cuando uno elige la vía del amor, no hay vuelta atrás. Y los beneficios son extraordinarios para todos los miembros de la familia, incluyéndote a ti.

Índice de cuadros de texto |

Ajusta vuestro horario a las necesidades de sueño
de tus hijos 30
Dadles a vuestras mañanas un ritmo infantil 36
Dibuja un cuento con tu hija 49
Una herramienta poderosa:
en lugar de dar instrucciones, ¡cántalas! 52
Los cuentos del «jardín seguro» 57
Está en la cama, pero no se relaja, ¿qué hago? 60
Mi hijo quiere dormir conmigo, ¿qué hago?. 64
La felicidad de cortarme el pelo con nueve años 79
No des instrucciones desde la habitación de al lado 86
Pocos objetos 91
Asambleas: implica a tus hijos en la resolución
de sus conflictos. 104
Identifica los conflictos recurrentes 108
No hagas de juez cuando tus hijos se pelean 114
Lo que te ocurre ahora es pasajero 121
¿Tu hija está desatada? Oblígala a quedarse a tu lado 123
¿Dónde está tu voz bonita? 129
Enseña a tus hijos a identificar sus dificultades 134
La arbitrariedad te resta autoridad, genera
desconfianza y favorece que surjan conflictos 144

Cuando algo os impida estar bien, eliminadlo
o reducidlo todo lo que podáis. 146
Cuando el móvil roba tiempo de conexión a la pareja. 150
Aprender en movimiento 158
Cuenta cuentos para que tus hijos aprendan a relacionarse
con los demás 164
Compórtate como si fueras la entrenadora de tus hijos 171
Un teatrillo para enseñar habilidades sociales a tu hija 176
No digas «nunca» ni «siempre» 179
¿Con qué gafas valoras a tus hijos? 187
Firmeza no es dureza 190
Anticípate. 192
Una palabra mágica. 195
Las hortalizas crudas, entre horas, pueden ser un éxito 199
Lo que de verdad importa en las comidas. 202
¿Es mejor que un niño coma mucho o coma poco? 206
La alimentación sana empieza en la lista de la compra 208
Las personas son más importantes que las cosas. 214
Nombra el objeto, no al niño 225
Elijo no mirar. 231
¿Está bien que usen las pantallas mientras comemos
en el restaurante? 242

Su opinión es importante.
En futuras ediciones, estaremos encantados
de recoger sus comentarios sobre este libro.

Por favor, háganoslos llegar a través de nuestra web:

www.plataformaeditorial.com

Para adquirir nuestros títulos,
consulte con su librero habitual.

«*I cannot live without books*».
«No puedo vivir sin libros».
THOMAS JEFFERSON

Desde 2013, Plataforma Editorial planta un árbol
por cada título publicado.

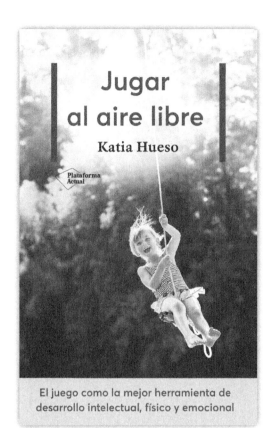

Jugar al aire libre

Katia Hueso

Plataforma Actual

El juego como la mejor herramienta de
desarrollo intelectual, físico y emocional

La autora, bióloga, educadora y fundadora
de la primera escuela infantil al aire libre, explica
por qué jugar fuera es imprescindible en el crecimiento
de los niños y qué podemos hacer para fomentarlo.